Christoph Albrecht
Einführung in die Liturgik

CHRISTOPH ALBRECHT

Einführung in die Liturgik

Dritte, veränderte Auflage

VANDENHOECK & RUPRECHT
IN GÖTTINGEN

CIP-Kurztitelaufnahme der Deutschen Bibliothek

Albrecht, Christoph:
Einführung in die Liturgik / Christoph Albrecht. – 3., veränd. Aufl. – Göttingen: Vandenhoeck und Ruprecht, 1983.

ISBN 3-525-57176-3

Druck: Weihert-Druck, Darmstadt

A. Einleitung

§ 1 Begriff und Aufgabe der Liturgik

Die Liturgik ist ein Teilgebiet der theologischen Forschung und Lehre und befaßt sich mit dem gottesdienstlichen Handeln der Kirche. Sie hat einen dreifachen Aufgabenbereich:
1. Sie erforscht den Werdegang und die Wandlungen des christlichen Gottesdienstes und seines Verständnisses (historische Aufgabe).
2. Sie hat die heutige Erkenntnis vom Wesen des Gottesdienstes und vom Sinn der einzelnen liturgischen Formen darzustellen (systematische Aufgabe).
3. Sie gibt Handreichungen für die gottesdienstliche Praxis der Gegenwart (praktische Aufgabe).

Die Liturgik ist die Lehre von der Liturgie. Das Wort Liturgie stammt aus dem Griechischen; es ist von den Wortstämmen leïtos = öffentlich und ergon = Werk abzuleiten. Im profanen Sprachgebrauch bezeichnet Leiturgia den Dienst zum Wohle der Allgemeinheit. Die Septuaginta (griechische Übersetzung des Alten Testaments) verwendet diese Vokabel für den priesterlichen Opferdienst. So wird dieses Wort auch Luk. 1,23 für den Tempeldienst des Zacharias gebraucht. Im heutigen Sprachgebrauch wird mit Liturgie der öffentliche Gottesdienst der Kirche bezeichnet im Unterschied zum Dienst der dienenden Liebe (= Diakonie) und als begriffliche Abgrenzung gegenüber dem Gebet des einzelnen oder den Andachten.
Ist Gottesdienst der Dienst, den wir für Gott tun, oder ist es der Dienst, den Gott an uns tut? Nach jüdischer Auffassung ist das Opfer ein Dienst, durch den sich der Fromme Gottes Wohlgefallen zu erwerben sucht. Das christliche Gottesdienstverständnis dagegen bedeutet zunächst eine radikale Abkehr von dieser Auffassung: »Des Menschen Sohn ist nicht gekommen, daß er sich dienen lasse, sondern daß er diene und gebe sein Leben als ein Lösegeld für viele« (Matth. 20,28). Seine Tat ist – wie in der gesamten Heilsgeschichte so auch im Gottesdienst – das Grundlegende. Gottes Handeln wird im Gottesdienst an uns Ereignis. All unser gottesdienstliches Tun kann nur die dankbare Aneignung seiner Heilsgabe sein, Antwort auf das Wort, Dankopfer.
Der Sprachgebrauch des Wortes Liturgie ist nicht ganz einheitlich: Die ortho-

doxe Kirche bezeichnet damit den ganzen Gottesdienst. (Dafür setzte sich im Abendland der Ausdruck Messe durch.) In der evangelischen Kirche hat sich mit dem Begriff »Liturgie« das Verständnis derjenigen Teile des Gottesdienstes verbunden, die vor und nach der Predigt stehen, ein Verständnis, das zu einer gefährlichen Isolierung der Predigt führen kann.

Liturgie ist nicht etwas Individualistisches; sie ist gottesdienstliches Handeln der Kirche. Solange die christliche Kirche in Konfessionen gespalten ist, hat daher jede Liturgik ein konfessionelles Gepräge. Eine evangelische Liturgik kann mit einer katholischen oder orthodoxen Liturgik nur eine begrenzte Gemeinsamkeit aufweisen.

Jede Liturgik sollte zwei falsche Extreme vermeiden: Sie darf weder in historisierender Weise ein Museum alter gottesdienstlicher Formen errichten wollen, noch darf sie einem geschichtslosen Konstruieren verfallen.

Die Tatsache, daß bestimmte gottesdienstliche Formen so oder so gewachsen sind, hat nicht ohne weiteres ihre Berechtigung im heutigen Gottesdienst zur Folge. Die Liturgik muß das liturgische Erbe fragen, inwieweit es für die heutige Gemeinde noch lebenskräftig ist. Die Liturgie unserer Gottesdienste verbindet uns mit den Generationen unserer Väter (überzeitliches Einheitsband); sie verbindet uns aber auch, was wir dankbar begrüßen, in vielen Teilen mit anderen Konfessionen (ökumenisches Einheitsband).

Das liturgische Erbgut ist uns als Gabe und Aufgabe überkommen. Es hat in der Geschichte des christlichen Gottesdienstes nicht an Versuchen gefehlt, sich dem Erbe zu entziehen und eine freie Neuschöpfung auf liturgischem Gebiete zu versuchen. Weil solchen Versuchen der geschichtliche Nährboden fehlt, sind sie stets gescheitert.

Mehr noch als jede andere theologische Disziplin erschließt sich die Liturgik im Grunde nur »von innen her«; nur der, der mit der Liturgie seiner Kirche lebt, wird ein Verständnis für Liturgie und Liturgik aufbringen können. Schon in der alten Kirche hatte man das erkannt: Gegenüber den Ungetauften bestand in Fragen des Gottesdienstes die sogenannte Arkandisziplin (d. h. Geheimhaltung vor Ungläubigen). Die Katechumenen (Taufbewerber) wurden vor ihrer Taufe nur in Fragen des christlichen Glaubens und Handelns unterwiesen. In den Abendmahlsgottesdienst führte man sie erst nach ihrer Taufe ein.

B. Die geschichtliche Entwicklung des christlichen Gottesdienstes (Überblick)

§ 2 Der Gottesdienst im Neuen Testament

Das Neue Testament überliefert uns keine „Normal-Agende", nach der heute noch alle christlichen Konfessionen Gottesdienst halten könnten. Wir finden jedoch bei Jesus und in der Urgemeinde Ansätze zur Bildung neuer liturgischer Formen und Formeln. Das Neue Testament ist für unsere Liturgik richtungweisend: Es zeigt uns einerseits, daß gottesdienstliches Geschehen an eine Ordnung gewiesen ist; andererseits warnt es vor einer Überbewertung der Form.

1. Jesus

Jesus wendet sich gegen den Mißbrauch des jüdischen Kultus: »Gott will Barmherzigkeit und nicht Opfer« (Matth. 9,13 u. a.). Damit greift Jesus die Kritik der alttestamentlichen Propheten am jüdischen Kultus auf. Der Gottesdienst ist eine Lüge, wenn er nicht im Einklang steht mit dem Handeln im Alltag. Vor allem in der Sabbatfrage (Matth. 12,8 u. a.) wird die scharfe Kritik Jesu an einem Gottesdienstverständnis deutlich, das den Dienst am Nächsten lieblos übersieht.

Trotz seiner inneren Freiheit gegenüber dem überkommenen Kultus hat es Jesus nicht verschmäht, sich in das kultische Leben des Judentums einzufügen: Er nimmt am Synagogengottesdienst teil und legt in ihm die Schrift aus (Luk. 4,16ff.). Der von ihm geheilte Aussätzige soll nach seiner ausdrücklichen Weisung das vorgeschriebene Reinigungsopfer entrichten (Mark. 1,44). Auch das Tischgebet des Hausvaters hat Jesus nach jüdischem Ritus vollzogen (Matth. 14,19 u. a.).

Durch Jesu und der Apostel Teilnahme am Gottesdienst des Judentums ist eine Verbindungslinie vom Synagogengottesdienst zum Gottesdienst der Urgemeinde ohne Frage vorhanden. Über dem Aufzeigen solcher formalen Zusammenhänge darf aber nicht vergessen werden, daß Jesus dem Gottesdienst einen völlig *neuen Sinn und Inhalt* gegeben hat: »Wo zwei oder drei versammelt sind in meinem Namen, da bin ich mitten unter ihnen« (Matth. 18,20).

Auch *neue gottesdienstliche Formen* haben offenbar in der Person Jesu ihren Ausgangspunkt. Das Vaterunser und die Aufforderung »Solches tut ...« in den Einsetzungsworten dürfen in diesem Zusammenhang genannt werden. Mit dem Vaterunser, der Abendmahlseinsetzung und dem Taufbefehl hat Jesus Ansatzpunkte für die Ausbildung der christlichen Liturgie gegeben.

2. Die Urgemeinde

Man kann sich nur schwer ein Bild von den Gottesdiensten in den urchristlichen Gemeinden machen. Sicher hat es zwischen judenchristlichem und heidenchristlichem Kultus manche Unterschiede, aber auch viel Gemeinsames gegeben.

Apg. 2,42 werden uns vier Hauptbestandteile urchristlichen Gottesdienstes genannt: die Lehre, die Gemeinschaft, das Brotbrechen und das Gebet. Darüber hinaus werden wir auch noch nach dem Bekenntnis und dem Lied der Urgemeinde sowie nach Ort und Zeit ihres Gottesdienstes fragen.

a) Die *»Lehre«:* Predigt und Schriftlesung. Die urchristliche Predigt war zunächst Verkündigung der Heilstatsachen. Entsprechend der damaligen Situation trug diese Verkündigung missionarischen Charakter; sie war als Missionspredigt freie Rede, in die an geeigneten Stellen Zitate aus dem Alten Testament eingefügt wurden (vgl. die Pfingstpredigt des Petrus, Apg. 2,14-36). Der Schriftlesung in den gottesdienstlichen Versammlungen der Urchristenheit lagen sowohl alttestamentliche Stellen wie auch Briefe der Apostel zugrunde. Die Paulinischen Briefe waren ausdrücklich zum Verlesen in den Gemeinden bestimmt (Kol. 4,16). Möglicherweise hat sich nach dem Muster des Synagogengottesdienstes der Brauch ausgebildet, an die Textverlesung eine umschreibende Auslegung (Paraphrase) anzuschließen.

b) *Die »Gemeinschaft«.* Die Urgemeinde fiel den Nichtchristen durch ihren engen Zusammenhalt auf. Offenbar war die Gemeinde häufig und regelmäßig versammelt. Der Gottesdienst hatte für sie zentrale Bedeutung. Eine völlige Gütergemeinschaft hat es wohl nur in den Anfängen der judenchristlichen Gemeinde in Jerusalem gegeben. Aber man wußte sich auch andernorts für das leibliche Wohl des Bruders verantwortlich, kannte man doch das Wort Jesu, daß die Barmherzigkeit von Gott gefordert sei, nicht das Opfer.

c) *Das »Brotbrechen«.* Es ist eine Selbstverständlichkeit, daß die Urgemeinde von Anfang an das von Jesus selbst eingesetzte »Herrenmahl« feierte. Und zwar geschah dies zunächst in Verbindung mit einer richtigen Mahlzeit. Ob das Sättigungsmahl als solches Herrenmahl war oder ob die sakramentale Feier den Beginn oder Abschluß der Mahlzeit bildete, ist eine Frage, um die sich die theologische Forschung seit langem müht. Das Wort »Brotbrechen« ist vermutlich ein Deckname, der aus Gründen der Arkandisziplin für das Sakrament des Abendmahls benutzt wurde.

d) *Das Gebet.* Der Gebetsinhalt der neutestamentlichen Schriften betrifft meist gemeindliche Anliegen, wie dies bei den Gemeindebriefen nicht anders zu erwarten ist. Aber auch die Fürbitte für die nichtchristliche Umwelt fehlt nicht. Besonders hervorzuheben ist die Fürbitte für die heidnische, christentumsfeindliche Obrigkeit, zu der 1. Tim. 2,2 aufgerufen wird. Schließlich fehlt auch nicht der Hinweis auf persönliche Gebetsanliegen: 2. Kor. 12,8 u. a. Die Mahnung Jesu »Trachtet zuerst nach dem Reich Gottes und seiner Gerechtigkeit, dann wird euch dieses alles hinzugegeben werden« (Matth. 6,33) hat das Gebetsleben der Urchristenheit in gleicher Weise beeinflußt wie das Vaterunser, das ebenfalls die Bitten um das Reich Gottes allem anderen voranstellt. Die Gebete richten sich an Gott den Vater. Eine Ausnahme bildet der Gebetsruf des sterbenden Stephanus: »Herr Jesus, nimm meinen Geist auf« (Apg. 7, 58) und der Gebetsruf am Schluß der Offenbarung: »Amen. Ja komm, Herr Jesus!« (Offenb. 22,20). Dem entspricht auch das »Maranatha« 1. Kor. 16,22, wenn man es »Unser Herr, komm!« übersetzt; allerdings kann dieser Ruf auch übersetzt werden »Unser Herr kommt« oder »Unser Herr ist gekommen«.

Die Form der Gebete ist sehr unterschiedlich. Doch zeichnen sich von Anfang an gewisse Eigentümlichkeiten des christlichen Gebetes ab: Jesus hatte dem Gebet in seinem Namen eine besondere Verheißung zugesagt (Joh. 14,13 u. a.). So ist es leicht erklärlich, daß sich bald der Brauch herausbildete, die Gebete mit einer Berufung auf Jesus Christus zu beschließen (vgl. 2. Kor. 1,20). Dieser Gebetsschluß »durch Jesus Christus« wurde dann zu einem Lobpreis erweitert, den die Gemeinde mit dem »Amen« aufnahm, die damit das vom Vorbeter gesprochene Gebet sich aneignete und bekräftigte. Dieser Brauch der Gemeinde ist 1. Kor. 14,16; Offenb. 5,13.14 u. a. bezeugt. Er findet sich auch in anderen Schriften der frühen Christenheit. Das Vaterunser schloß Matth. 6,13 ursprünglich mit der siebenten Bitte ab. Mit der angefügten Doxologie, die sich erst in den jüngeren Handschriften findet, wurde dann auch das abschließende Amen in den Bibeltext aufgenommen.

Die drei im Altertum bekannten Gebetshaltungen finden sich auch im Neuen Testament wieder. Die *stehende Gebetshaltung,* bei der man die Hände nach oben zu breiten pflegte (das Symbol des geöffneten Kelchs, der von oben gefüllt wird), wird Mark. 11,25; Joh. 11,41; 1. Tim. 2,8 u. a. bezeugt. Das *Knien* ist der Ausdruck des Verzichts auf die persönliche Würde. Diese Gebetshaltung wird genannt Eph. 3,14; Phil. 2,10 und mehrfach bei Lukas, der auch in der Gethsemaneszene vom Knien Jesu spricht, während die beiden anderen Synoptiker berichten, Jesus sei auf sein Angesicht gefallen (Luk. 22,41 bzw.

Matth. 26,39 und Mark. 14,35). Dies ist die dritte der im Neuen Testament bezeugten Gebetshaltungen: die *Proskynese.* Der Beter wirft sich dabei als Zeichen tiefster Erniedrigung lang ausgestreckt auf den Boden.

e) *Das Bekenntnis.* Das Bekenntnis hat eine doppelte Blickrichtung: Es wendet sich an Gott, der durch das Bekenntnis zu ihm gepriesen wird; es wendet sich an die Menschen, um den Inhalt des Glaubens so darzulegen, daß er gegen Irrlehren abgegrenzt ist. Das Wachstum unserer christlichen Glaubensbekenntnisse ist zu einem guten Teil durch die Irrlehren bestimmt. Die Juden wollten in Jesus nicht den Messias anerkennen. Daß er dies doch war, bekannten seine Jünger: »Du bist der Christus (Messias), der Sohn des lebendigen Gottes« (Matth. 16,16). Was uns als Name geläufig ist: Jesus Christus, ist in Wirklichkeit das älteste Bekenntnis. In den heidenchristlichen Gemeinden kam zu dem Bekenntnis der Messianität und der Gottessohnschaft Jesu bald ein weiteres Prädikat hinzu: Jesus ist der Herr (Kyrios). Der Vordere Orient lebte um die Zeitenwende in der gespannten Erwartung eines Weltenheilands, eines Kyrios. Das Christentum trat mit dem anspruchsvollen Bekenntnis auf: Dieser Kyrios ist der Jesus von Nazareth (Apg. 2,36; Röm. 10,9; 1. Kor. 12,3; Phil. 2,11). Um die Wende zum zweiten Jahrhundert kam in Kleinasien eine theologische Richtung auf, die zwar die wahre Gottheit Jesu, nicht aber seine wahre Menschheit, seine Leiblichkeit anerkannte. Gegenüber dieser Irrlehre wurde in das Bekenntnis ein Satz von der wahren Menschheit Jesu aufgenommen (1. Joh. 4,2 u. a.). – In 1. Kor. 15,3.4 gibt Paulus eine feststehende, mündliche Überlieferung bekenntnisartigen Gepräges weiter. Diese Sätze sind aufs engste mit dem Herzstück des späteren Apostolicums verwandt.

f) *Das Lied.* Die christliche Gemeinde ist von Anfang an eine singende Gemeinde gewesen. Freilich sind wir bei der Frage nach der Art und Weise dieses Singens vor unlösbare Rätsel gestellt. In Kol. 3,16 und Eph. 5,19 werden drei verschiedene Formen des Gesanges genannt: Psalmen, Hymnen und geistliche (geistgewirkte) Lieder. Unter den Psalmen sind mit größter Wahrscheinlichkeit die alttestamentlichen Psalmen zu verstehen, die seit Anbeginn auch in der christlichen Kirche weitergesungen wurden. Das »untereinander« in Eph. 5,19 erlaubt es uns, an eine wechselchörige Ausführung der Psalmen zu denken. Damit würde auch das älteste nichtchristliche Zeugnis über den urchristlichen Gottesdienst, der Pliniusbrief an Kaiser Trajan (geschrieben etwa im Jahr 112) übereinstimmen, in dem davon geredet wird, daß die Gesänge wechselseitig (invicem) ausgeführt würden. Die Dichtkunst der Psalmen besteht nicht im Reim oder im Metrum, sondern im sogenannten Parallelismus membrorum, der inhaltlichen Zuordnung von jeweils zwei Vershälften. (Zum Beispiel: Gott, erhöre mein Gebet – vernimm die Rede meines Mundes. Siehe, Gott steht mir bei – der Herr erhält meine Seele.) In dieser Art wurden auch in der Urchristenheit neue Lobgesänge gedichtet. Möglicherweise könnten dies die Hymnen sein, die in den beiden obengenannten Schriftstellen aufgeführt sind. Von Dichtungen nach dem Muster der alttestamentlichen Psalmen hat uns Lukas drei schöne Beispiele aufgeführt: die drei Cantica (canticum = Lobgesang). Es sind dies

der Lobgesang der Maria (Luk. 1,46-55): das Magnificat,
der Lobgesang des Zacharias (Luk. 1,68-79): das Benedictus,
der Lobgesang des Simeon (Luk. 2,29-32): das Nunc dimittis.

Das Fragment einer urchristlichen Dichtung findet sich Eph. 5,14:

Wache auf, der du schläfst,
und stehe auf von den Toten,
so wird dir Christus als Licht aufgehen.

Paulus führt diese Zeilen ausdrücklich als Zitat an (»Deshalb heißt es . . .«). Eine schriftliche Zitatquelle hat bislang nicht nachgewiesen werden können. So liegt die Vermutung nahe, es handele sich um ein Zitat aus einem urchristlichen Hymnus. Die Zeilen könnten aus einem alten Tauflied stammen. Weitere hymnische Stücke sind Luk. 2,14; 1. Tim. 3,16 und die Lieder der Offenbarung (z. B. 15,3.4).

g) *Die gottesdienstliche Zeit.* Von früh an hat die Christenheit im Unterschied zur jüdischen Sabbatfeier den Sonntag als den Herrentag gefeiert. Zwei Gründe haben die Wahl dieses Tages bestimmt: Christus ist das Licht der Welt; daher wurde von den Christen der Tag des Lichtes, der Sonntag, feierlich begangen. Vor allem aber war Christus ja an einem Sonntag auferstanden. Jede Sonntagsfeier war eine Erinnerung an den Ostersieg Christi. Außer Apg. 20,7 weisen wohl auch Offenb. 1,10 und 1. Kor. 16,2 auf die gottesdienstliche Begehung des Sonntags hin. Auch die Tageszeit sollte an das Osterereignis erinnern: Man versammelte sich früh, bei Sonnenaufgang.

h) *Der gottesdienstliche Ort.* Die Jerusalemer Urgemeinde versammelte sich zunächst weiter im Tempel (Apg. 2,46). Jesus hatte dort in der Halle Salomos gelehrt; dort versammelten sich auch die Christen (Joh. 10,23; Apg. 3,11). Daneben gab es die Hausversammlungen, die für die übrigen judenchristlichen und für die heidenchristlichen Gemeinden als Normalfall anzusehen sind. Missionspredigten unter Nichtjuden fanden wohl normalerweise im Freien statt, so die Rede des Apostels Paulus auf dem Marktplatz in Athen (Apg. 17,17). Den Juden versuchte man die Christusbotschaft in den Synagogen nahezubringen (Apg. 17,17). Es hat noch lange gedauert, bis die Christenheit an den Bau eigener Gotteshäuser denken konnte.

§ 3 Der Gottesdienst in der nachapostolischen Zeit

Die gottesdienstliche Entwicklung in der nachapostolischen und frühkatholischen Zeit (etwa 100 bis 300) ist durch folgende Merkmale gekennzeichnet:

1. Die Bedeutung einer festen Gottesdienstordnung wird betont.

2. Der Gottesdienst am Sonntagvormittag bekommt starkes Gewicht gegenüber den täglichen Hausgottesdiensten, die mehr und mehr in den Hintergrund treten.

3. Der Gemeindevorsteher bzw. der Bischof erhält im gottesdienstlichen Leben eine hervorgehobene Stellung (Beginn eines hierarchischen Kirchenverständnisses).

4. Die Abendmahlsfeier verliert den Charakter einer Mahlzeit und wird dem Sonntagsgottesdienst vorbehalten.

5. Der Opfergedanke beginnt sich in falscher Richtung zu entfalten: Für das Opfer der Gemeinde (die als Dankopfer gespendeten Naturalgaben) und das einmalige Sühneopfer Christi am Kreuz wird der gleiche Begriff verwendet. Mit dieser begrifflichen Gleichsetzung wird dem späteren Gedanken des Meßopfers der Weg gebahnt.

Aus den ersten Jahrhunderten haben wir nur einzelne liturgische Zeugnisse überliefert bekommen. In Anbetracht der möglichen Zufälligkeiten kann man daher nur mit aller Vorsicht und unter Vorbehalt allgemeingültige Feststellungen erheben. Trotzdem ist die Kenntnis der ältesten liturgischen Traditionen der christlichen Kirche unerläßlich. Die wichtigsten Zeugnisse aus der nachapostolischen Zeit sind: der 1. Clemensbrief, die Didache, die Überlieferung des Märtyrers Justin in seiner 1. Apologie und die Kirchenordnung des Hippolyt.

Der 1. Clemensbrief ist ein Brief, den der römische Presbyter Clemens um das Jahr 96 nach Korinth schrieb. (Der Anlaß des Briefes ist ein Streit in der korinthischen Gemeinde, bei dem diese ihre Presbyter abgesetzt hatte.) Der Brief ist in zweifacher Hinsicht von liturgiegeschichtlicher Bedeutung: Christus selbst habe – so wird in diesem Brief behauptet – den Jüngern feste gottesdienstliche Zeiten und Formen vorgeschrieben. Auch die Orte und die Personen (Amtsträger) für die gottesdienstlichen Verrichtungen habe er genau bestimmt. Es komme nun darauf an, die Liturgien und die Darbringungen heilig und nach seinem Wohlgefallen zu vollziehen. Die Gläubigen, die dies tun, »sind angenehm und selig«. Nach dem 1. Clemensbrief gab es also bereits am Ausgang des 1. Jahrhunderts festgefügte liturgische Ordnungen. Freilich werden wir sie nicht mit dem Verfasser des Briefes in allen Einzelheiten auf

Christi persönliche Einsetzung zurückführen können, sondern wir haben sie als Einrichtung der Gemeinde anzusehen. – Ferner stehen im 34. Kapitel des Briefes Sätze, die es nahelegen, daß schon zu dieser Zeit Präfation und Sanctus (vgl. § 23) gottesdienstlich verwendet wurden, wenn auch sicher erst in einer Vorform der späteren Gestalt. Auf alle Fälle gehören diese Stücke zum ältesten liturgischen Erbgut.

Die »D i d a c h e« ist bald nach dem Jahr 100 geschrieben und gibt sich als »Lehre der zwölf Apostel« aus. Sie ist eine Gemeindeordnung für Heidenchristen. Nach einem »Katechismus« folgen Anweisungen für die Taufordnung, für die Abendmahlsfeier, für Fasten und Beten. Die Abendmahlsfeier wird noch mit dem alten Namen *Eucharistie* (Danksagung) bezeichnet. Sie ist eine richtige Mahlzeit (Sättigungsmahl) wie zur apostolischen Zeit (vgl. 1. Kor. 11,20.21). Die Feier hat folgende Ordnung: Unter kurzen Dankgebeten werden Kelch und Brot gesegnet. Es folgt die gemeinsame sakramentale Mahlzeit. Abschließend wird in einem Gebet von erhabener Größe und Schönheit für die geistliche Speise und das darin vermittelte ewige Leben gedankt und Fürbitte für die Kirche getan (um Bewahrung vor dem Bösen, um die Einheit der Kirche). – Hervorzuheben ist besonders: Das Abendmahl wird als Vorwegnahme des himmlischen Freudenmahles verstanden; die Feier ist von einer eschatologischen Grundstimmung getragen. Auffallenderweise fehlt jede Beziehung auf den Tod Christi; auch die Einsetzungsworte werden nicht erwähnt. Da eine Entlassung der Katechumenen noch nicht gefordert wird (vgl. § 4), liegt die Annahme nahe, daß der ganze Gottesdienst den Getauften vorbehalten war: das Heilige soll nicht vor die Hunde geworfen werden. Durch den Genuß der sakramentalen Speise sind die Gläubigen sowohl mit der ganzen christlichen Gemeinde als auch mit dem erhöhten Herrn verbunden (Communio-Gedanke). Der Gedanke an die sündenvergebende Kraft des Abendmahls fehlt; doch findet sich die Aufforderung zum gegenseitigen Sündenbekenntnis. Wer mit dem Bruder im Streit lebt, darf nicht am Abendmahl teilnehmen. Durch Sündenbekenntnis und -vergebung soll eine Verunreinigung des »Opfers« vermieden werden. Hier steht erstmalig das Wort *Opfer* im Zusammenhang mit dem Abendmahl. Das Wort Jesu Matth. 5,23.24 wird hier ernst genommen: Die im Gottesdienst dargebrachte Dankopfergabe ist Gott ein Greuel, wenn sie im Widerspruch zum Alltagsleben des Christen steht. Diese ganz im Sinne Jesu ergehende Aufforderung wird aber in dem Augenblick gefährlich, ja im Blick auf die Liturgiegeschichte geradezu verhängnisvoll, wenn man sie im Sinne späterer Jahrhunderte so interpretiert, als sollten wir Gott mit dem Sakrament des Altars ein reines, unbeflecktes Opfer darbringen. Diese Theologie finden wir in der Didache noch nicht. Wohl aber geschieht hier eine höchst gefährliche Weichenstellung.

Justin der Märtyrer schreibt um das Jahr 155 seine erste »Apologie«, eine Verteidigungsschrift, in der die gegen das Christentum erhobenen Beschuldigungen widerlegt und die wichtigsten Punkte des christlichen Lebens und Glaubens, auch des Gottesdienstes, dargestellt werden. Der Gottesdienst hat folgenden Aufbau:

1. Verlesung der »Erinnerungen der Apostel« (Evangelien und Paulusbriefe?) durch den Lektor. Die Lesung wird gehalten, »bis es genug ist«, d. h. vermutlich bis zum Wink des Vorstehers oder bis sich die gesamte Gemeinde versammelt hat.
2. Predigt des Vorstehers.
3. Gebet, zu dem sich alle erheben.
4. Darbringung von Brot und Wein (Mischtrank aus Wasser und Wein).
5. Gebet des Vorstehers (Präfation?) mit Amen der Gemeinde.
6. Kommunion aller Gemeindeglieder. Die Diakone bringen den abwesenden Gemeindegliedern etwas von den geweihten Gaben.
7. Dankopfer, das der Vorsteher auf Witwen, Waisen und alle Bedürftigen aufteilt.

Im einzelnen ist noch folgendes hervorzuheben: Das Abendmahl ist den Getauften vorbehalten. Es wird betont, daß es sich bei den Abendmahlselementen nicht um gewöhnliches Brot und gewöhnlichen Wein handelt, sondern um »Fleisch und Blut Christi zu unserem Heil«. Der Versammlungstag ist der Sonntag. Die Begründung dafür lautet: weil Gott das Licht am ersten Schöpfungstage schuf und weil der Sonntag der Auferstehungstag Jesu ist. Wiederholt weist Justin darauf hin, daß die ganze Gemeinde das Amen auf das Gebet des Vorbeters sprechen solle.

Die Kirchenordnung des Hippolyt (eines römischen Neben- bzw. Gegenbischofs zu Anfang des 3. Jahrhunderts) entstand um das Jahr 220. Als »Apostolische Überlieferung«, die sie nach ihrer Überschrift sein will, gibt sie sicher eine schon längere Zeit bestehende römische Gottesdienstordnung wieder. Der Bischof ist nunmehr alleiniger Leiter des Gottesdienstes. Es zeigen sich bereits Ansätze einer geringeren Beteiligung der Gemeinde am Gottesdienst. Die Schriftlesung am Anfang wird so lange gehalten, bis alle Gemeindeglieder sich versammelt haben (donec totus populus congregetur). Hippolyts Ordnung ist noch von Bedeutung durch ihre Bezeugung der Präfation, die sich seither nicht mehr wesentlich verändert hat, vor allem aber durch ihr *Eucharistiegebet,* das als das Vorbild für den Canon Missae der römischen Messe anzusehen ist, insbesondere durch die Einbettung der Einsetzungsworte in dieses Gebet. Mit Recht hat man von der »klassischen Struktur« des Eucharistiegebetes bei Hippolyt gesprochen:

1. Salutatio (»Der Herr sei mit euch«), Sursum corda (»Erhebet eure Herzen«), Gratias agamus (»Lasset uns Dank sagen«). (Das Sanctus fehlt bei Hippolyt!)
2. Dankgebet (»Wir danken dir, Gott, durch deinen geliebten Knecht Jesus ...«), übergehend in die
3. Einsetzungsworte (» ... tut zu meinem Gedächtnis«).
4. Anamnese (Gedächtnis, Erinnerung); sie nimmt die Einsetzungsworte auf mit der Wendung: »Also gedenken wir seines Todes und seiner Auferstehung ...«
5. Epiklese (Bitte um Herabsendung des Heiligen Geistes auf das Opfer der Gemeinde) mit der Bitte um rechten Empfang des Sakraments. Gemeinde: Amen. – Eine Konsekration (Weihe, Heiligung, Verwandlung) der Abendmahlselemente findet nicht durch die Einsetzungsworte, sondern durch die Epiklese statt. Dabei ist beachtenswert, daß der Heilige Geist nicht auf die Gemeinde, sondern auf die Elemente herabgefleht wird: »Sende Deinen Heiligen Geist herab auf das Opfer der Gemeinde ...«

§ 4 Der Gottesdienst der frühen Reichskirche

Mit der Entwicklung des Christentums zur Staatsreligion im vierten Jahrhundert kam es auch zur Weiterentwicklung und Festigung gottesdienstlicher Ordnungen. Die Klementinische Liturgie (Ende des 4. Jahrhunderts) gibt Zeugnis vom Gottesdienst dieser Zeit. Es ist zu einer klaren Scheidung von Klerus und Laien gekommen. Der alttestamentliche Priester- und Opferbegriff lebt wieder auf. Der Bischof bekommt eine herrschende (monarchische) Stellung in der Gemeinde. Der Gottesdienst ist zweigeteilt in Katechumenen- und Gläubigenmesse.

Um das Jahr 375 entstanden in Ostsyrien die acht Bücher der sogenannten »Apostolischen Konstitutionen«, eine Kirchen- und Gemeindeordnung, die sich zur Stärkung der eigenen Autorität als Schrift der zwölf Apostel ausgibt und dementsprechend im Ich- bzw. Wir-Stil abgefaßt ist. Zum Beispiel heißt es: »So sage ich, Jakobus, der Bruder des Johannes des Zebedäussohnes, daß ...« Die Klementinische Liturgie wird dem Clemens Romanus zugeschrieben, dem sie ihren Namen verdankt, einem Apostelschüler nach altkirchlicher Tradition, dem dritten Nachfolger Petri als Bischof in Rom nach katholischer Überlieferung. Sie steht im achten Buch der Apostolischen Konstitutionen und ist von größter liturgiegeschichtlicher Wichtigkeit, da sie das Bindeglied zwischen Hippolyt und der Liturgie der Ostkirche darstellt.

Der Klerus ist jetzt regelrecht organisiert. Es gibt eine genau festgelegte Ämterordnung für alle Dienste: Bischof, Priester, Presbyter, Lektor, Kantor, Diakon, Subdiakon, Türhüter usw. Der Bischof hat über Lehre, Zucht, Gemeindeorganisation und Kirchenordnung zu bestimmen. Die höhere Geistlichkeit (clerus major) ist jetzt hauptamtlich tätig; nachdem die Kirche Staatskirche wurde, ist dies sowohl von dem erweiterten Aufgabenbereich her erforderlich als auch von den wirtschaftlichen Gegebenheiten her möglich.
Viele heidnische Kultstätten mitsamt ihren Gläubigen wurden im 4. Jahrhundert von der christlichen Kirche übernommen. Um den neugewonnenen Christen den Übergang zu erleichtern, wurden diese Kultstätten vielfach christlichen Heiligen geweiht, die in ihrem Wirken eine gewisse Verwandtschaft mit der früheren Gottheit aufzuweisen hatten. Es liegt auf der Hand, daß damit der christliche Monotheismus gefährdet wurde.
Der Priester wird wieder wie im Alten Testament als Mittler zwischen Gott und Volk verstanden. Der Opferbegriff wandelt sich weiter. Das Opfer (die Naturalgaben und die Gebete) ist nicht mehr Dankopfer für Gottes Gabe in Christus, sondern ist seit Tertullian in steigendem Maße mit dem Gedanken verbunden, als sei das Altarsakrament eine Möglichkeit, auf Gott durch das dargebrachte Opfer einwirken zu können.
Die Messe hat folgenden Aufbau:

A. Missa catechumenorum (Messe der Taufanwärter; an diesem ersten Teil dürfen auch die Ungetauften teilnehmen, während der Sakramentsteil den Getauften vorbehalten ist).

1. Vier Lektionen (Gesetz, Prophet, Epistel, Evangelium) mit Psalmenzwischengesängen
2. Predigt des Bischofs, eingeleitet durch den Friedensgruß (»Der Friede des Herrn sei mit euch allen – Und mit deinem Geist.«)
3. Entlassung der nicht zum Abendmahl zugelassenen Gottesdienstteilnehmer (Ungetaufte, Katechumenen, Büßer) unter Fürbitten, die die Gemeinde mit dem Kyrie eleison (»Herr, erbarme dich«) aufnimmt

B. Missa fidelium (Gläubigenmesse, nur für die getauften und zum Abendmahl zugelassenen Gemeindeglieder)

4. Allgemeines Kirchengebet (ebenfalls mit dem Kyrie eleison der Gemeinde).
5. Friedensgruß und Friedenskuß
6. Darbringung der Opfergaben (Brot und Wein)
7. Eucharistisches Hochgebet
   a) Salutatio (Wechselgruß)
   b) Sursum corda (»Erhebet eure Herzen. – Wir erheben sie zum Herren.«)
   c) »Lasset uns danksagen dem Herrn. – Recht und würdig ist es.«
   d) Weihegebet: »Wahrhaft würdig und recht ...« (Vere dignum)

(1) Antesanctus (Preis des Schöpfers)
(2) Sanctus
(3) Postsanctus: Preis des Erlösers, einmündend in die
(4) Verba testamenti (Einsetzungsworte; etwas erweiterte Form)
(5) Anamnese (Gedenken an die Heilstaten Christi)
(6) Epiklese (Herabflehung des Heiligen Geistes auf Gaben und Gemeinde).

8. Fürbittengebet für die lebenden und verstorbenen Gemeindeglieder. (An dieser Stelle ist dann vermutlich – die Analogie zu anderen Kirchenordnungen dieser Zeit legt das nahe – das
9. Vaterunser gebetet worden. Möglicherweise ist es aus Gründen der Arkandisziplin nicht angegeben worden.)
10. Kommunion
   a) Sancta Sanctis (»Das Heilige den Heiligen«)
   b) Gemeindegesang: »Einer ist heilig, einer der Herr, Jesus Christus zur Ehre Gottes des Vaters, hochgelobt in Ewigkeit. Ehre sei Gott in der Höhe und Friede auf Erden den Menschen des Wohlgefallens. Hosianna dem Sohne Davids. Gelobt sei, der da kommt im Namen des Herrn. Hosianna in der Höhe!«
   c) Abendmahlsempfang in einer genau abgestuften Ordnung. Während der Austeilung singt der Chor den Psalm 34 (Vers 9: »Schmecket und sehet, wie freundlich der Herr ist«).
11. Dankgebet
12. Segen.

Auffallend ist die lockere Form der Missa catechumenorum im Vergleich mit der Missa fidelium. Imponierend ist die Geschlossenheit des eucharistischen Hochgebetes, das eine für unsere Maßstäbe fast unvorstellbare Länge gehabt hat. Im Antesanctus und Postsanctus wurde die gesamte alt- und neutestamentliche Heilsgeschichte als Lobpreis Gottes gebetet. Das Gebet ist in heutigen Textabdrucken viele Seiten lang, so daß mit Recht die Frage aufgeworfen worden ist, ob wirklich das ganze Gebet jeden Sonntag gebetet wurde oder ob von Sonntag zu Sonntag nur ein Teil des Gebetes ausgewählt wurde, wie wir es dann in der weiteren abendländischen Entwicklung bei der De-tempore-Gestaltung der Präfation beobachten können.

§ 5 Der orthodoxe Gottesdienst

Die Liturgie der Ostkirche erhielt bereits im 4.–6. Jahrhundert ihre heutige Gestalt. Lediglich das Zeremoniell erlebte bis zur endgültigen Fixierung im 15. Jahrhundert noch eine Weiterentwicklung. Ferner kam seit dem 9. Jahrhundert die Predigt mehr und mehr in Fortfall. Der Gottesdienst wird als symbolische Darstellung der Heilsgeschichte verstanden, in die die Gemeinde hineingenommen wird. »Die Liturgie ist die Offenbarung des

Reiches Gottes auf Erden.«[1] *Der Chor (geteilter Männerchor, Wechselgesang) übernimmt die liturgischen Funktionen der Gemeinde, die lediglich das Credo mitsingen (notfalls mitsprechen) soll, im übrigen aber äußerlich passiv bleibt. Instrumentalmusik gibt es nicht. Die Liturgie ist nicht vom Kirchenjahr geprägt; sie kennt also kein eigentliches de tempore und hat einen gleichbleibenden Verlauf. Jedoch werden täglich wechselnd Begebenheiten aus dem Leben Jesu und der Heiligen in die Gottesdienste eingeflochten.*

»Liturgie« ist die ostkirchliche Bezeichnung für den Sakramentsgottesdienst, entspricht also dem abendländischen Begriff der Messe. Das Ideal der orthodoxen Kirche ist der immerwährende Gottesdienst. Ein durchgehender vierundzwanzigstündiger Gottesdienst findet sich heute noch im Athoskloster. Der Tagesablauf ist in neun Gottesdienste aufgeteilt, die durch Zwischenlesungen verbunden werden. Ein solcher immerwährender Gottesdienst ist natürlich nur in einer Klostergemeinschaft möglich. In den anderen Gemeinden soll im Prinzip ebenfalls am täglichen – wenn auch nicht durchgehenden – Gottesdienst festgehalten werden. So halten die großen Kirchen in der Sowjetunion noch heute täglichen Gottesdienst. Dabei werden die neun Tagesgottesdienste meist auf drei oder auch zwei Gottesdienste zusammengezogen.
Die »Liturgie« besteht aus drei Hauptteilen:
I. *Proskomidie,* Zurüstung von Brot und Wein im Altarraum für die Abendmahlsfeier; im Kirchenraum währenddessen Lesung von Psalmen und Gebeten.
II. *Liturgie der Katechumenen,* die mit einem Lobpreis des dreieinigen Gottes beginnt und ihren Höhepunkt in der Evangelienlesung findet.
III. *Liturgie der Gläubigen,* in deren Mittelpunkt die Wandlung der Abendmahlselemente steht. Die Gemeinde empfängt das Sakrament in beiden Gestalten (Brot und Wein). – Die an sich vorgesehene Entlassung der Katechumenen vor der Liturgie der Gläubigen wird heute kaum noch geübt.
Im einzelnen hat die orthodoxe Liturgie folgenden Verlauf (nach R. Stählin, LEITURGIA I, 32/33):
1. Teil: Proskomidie
2. Teil: Katechumenenmesse
Fürbittengebet (Große Ektenie). Vom Diakon vor den heiligen Türen vorgebetet und vom Chor nach jeder Bitte mit »Herr, erbarme dich« aufgenommen. Der Priester betet währenddessen am Altar leise ein Gebet.

[1] Kurze Erklärung der göttlichen Liturgie der orthodoxen Kirche, Berlin 1960, S. 6.

Kleiner Einzug. Der Diakon zieht mit dem Evangelienbuch, vom Priester begleitet, durchs Schiff zum Altar, ein Sinnbild für das Kommen des lehrenden Christus im Evangelium. Die Prozession wird von Gesängen begleitet, die ausmünden in das Dreimalheilig (Trishagion).
Doppelte Schriftverlesung. (Seit dem neunten Jahrhundert ist an dieser Stelle die Predigt weggefallen.)
Fürbittengebet.
Entlassung der Katechumenen.

3. Teil: Gläubigenmesse

Großer Einzug mit den heiligen Elementen zum Altar
Fürbittengebet
Friedenskuß und Gruß (2. Kor. 13,13)
Nicänum (von Priester und Gemeinde gebetet).
Anaphora (Das eucharistische Gebet von Präfation bis Epiklese. Ursprünglich ist die ganze Anaphora gesungen worden. Seit dem 7. Jahrhundert ist sie im wesentlichen ein Stillgebet.):
  Einleitender Dialog (Salutatio, Sursum corda ...)
  Präfation
  Sanctus (vom Chor gesungen)
  Einsetzungsworte
  Anamnese
  Epiklese
Fürbitte für Lebende und Tote
Vaterunser (von Priester und Gemeinde kniend gesprochen)
Priestergebet
Elevation mit Sancta sanctis (wie in der Klementinischen Liturgie)
Brotbrechung und Vermischung der Elemente
Austeilung an den Klerus (die Gemeinde kommuniziert meist nach der Messe.)
Danksagung
Entlassungssegen
Der Priester verteilt das nicht konsekrierte Brot (Antidoron) an die Gemeinde.

Neben der sakramentalen Seite der Liturgie – dem Entscheidenden der Handlung – werden von authentischer Seite noch folgende Aspekte betont: die Danksagung (Eucharistie); der Lobcharakter; die Verkündigung; die Anrufung Gottes, Fürbitten für alle Welt, Bitten und Gebete; die Buße; Liturgie als Gedächtnis Christi und endlich Liturgie als Opfer, das die Kirche Gott darbringt (»Das Deine von Deinem Dir darbringend«). – Die Chorgesänge stehen in acht Kirchentönen, die der abendländischen Gregorianik verwandt sind. Die Kirchentöne wechseln wochenweise. In der russisch-orthodoxen Kirche sind diese einstimmigen Chorgesänge heute meist durch mehrstimmige Sätze verdrängt.

Es fällt uns schwer, von unserem abendländischen Denken und Empfinden her einen Zugang zum orthodoxen Gottesdient zu finden. Es verbindet uns der Gedanke, daß Christus im Gottesdienst als Herr gegenwärtig ist. Die orthodoxe Kirche bewahrt in ihrer Liturgie eine Fülle altkirchlicher liturgischer Traditionen, denen wir mit Ehrfurcht gegenüberstehen. Die Kirchen des Abendlandes können von der Ostkirche lernen, daß Ostern das christliche Hauptfest ist. Die Gleichheit der Form des ostkirchlichen Gottesdienstes wird jedoch von uns als starr empfunden. Freilich sollten wir uns klarmachen, daß dies kein Wertmaßstab ist, sondern daß sich auch hierin der Unterschied zwischen der stark meditativ ausgerichteten Ostkirche und unserem stärker vom Verstande her bestimmten Wesen auswirkt.

Der Maßstab, mit dem allein wir berechtigt sind, kritische Fragen an die Ostkirche zu richten, kann nur das Neue Testament und der urchristliche Gottesdienst sein. Damit will es allerdings nicht übereinstimmen, daß die Gemeinde im Gottesdienst auf das Zuschauen und Zuhören verwiesen wird, während sie doch von Hause aus (Mit-)Träger des gottesdienstlichen Geschehens war. Der auch heute noch weithin übliche Fortfall der Predigt und die einseitige Hervorhebung der Opferhandlung, die nur der Priester nach einem bis ins Kleinste festgelegten Zeremoniell vollziehen kann, lassen sich ebenfalls nicht mit dem urchristlichen Gottesdienstverständnis in Einklang bringen.

§ 6 Die römische Messe

Aus einer ganzen Reihe altkirchlicher Gottesdienstordnungen und -typen hat sich in der katholischen Kirche im ausgehenden Mittelalter der in Rom geltende Ritus mehr und mehr durchgesetzt. Das Konzil von Trient hat im Missale Romanum (1570 veröffentlicht) den für die gesamte katholische Kirche verbindlichen Meßritus festgelegt. Erst durch das II. Vatikanische Konzil wurde nach einem Stillstand von vier Jahrhunderten eine Überarbeitung der Messe für möglich und nötig erachtet. – Die römische Messe verkörpert anderthalb Jahrtausende abendländischen liturgischen Wachstums, dem sich auch die lutherische Kirche von Anfang an dankbar verpflichtet weiß. Aus der evangelischen Sicht müssen aber an folgenden Punkten gegenüber der römischen Messe Bedenken geltend gemacht werden: 1. das Verständnis des Amtspriestertums, 2. der Opfercharakter der Meßhandlung, 3. die Verweigerung des allgemeinen Laienkelchs.

Die römische Messe hat durch die seit dem II. Vatikanischen Konzil durchgeführten Reformen folgende Gestalt erhalten: Die Messe gliedert sich in die beiden Hauptteile Wortgottesdienst und Eucharistiefeier (diese Einteilung hat die frühere Gliederung in Vormesse und Opfermesse abgelöst). Vorangestellt ist der Eröffnungsteil.

Eröffnung

Introitus	Chor- bzw. Gemeindegesang oder Orgelspiel zur Eröffnung
Begrüßung	Im Namen des Vaters ... Salutatio
Einführung	Vorspruch zur Meßfeier oder frei formulierte Einführung in die Thematik der Messe (kann fortfallen)
Stufengebet	Schuldbekenntnis und Vergebungsbitte
Kyrie eleison	entweder neunmalig (je dreimal im Wechsel zwischen Kantor, Chor und Gemeinde) oder sechsmalig (im Wechsel von Kantor bzw. Priester und Gemeinde)
Gloria in excelsis	»Ehre sei Gott in der Höhe ...« mit dem großen Lobgesang »Wir loben dich« (Laudamus te)
Tagesgebet	Zusammenfassung des Eröffnungsteils, bezogen auf das Proprium des Tages, in der Form des Kollektengebets

Wortgottesdienst

Erste Lesung	meist alttestamentliche Lesung (sofern drei Lesungen gehalten werden)
Graduale	Solistischer Psalmengesang mit Kehrvers der Gemeinde oder Gemeindelied
Zweite Lesung	nicht obligatorisch, jedoch in den Sonntagsmessen Normalfall; in der Regel Epistellesung
Halleluja	Halleluja der Gemeinde mit Psalmvers des Chores oder Gemeindelied
Evangelium	Lesung aus einem der vier Evangelien
Homilie	Auslegung einer der verlesenen Perikopen oder Erklärung eines anderen Meßtextes; in Sonntagsmessen verbindlich, sonst empfohlen
Credo	Glaubensbekenntnis (gemeinsam gesprochenes oder gesungenes Nicänum oder Apostolicum) oder Credo-Lied
Allgemeines Fürbittengebet	

Eucharistiefeier

Gabengesang	Gesang während der Gabenbereitung und der gleichzeitigen Geldsammlung (Offertoriumspsalm). Währenddessen betet der Priester leise die Gebete zur Opfervorbereitung. Nur der Schluß des Offertoriums wird laut gebetet:
Gabengebet	
Präfation und Sanctus	Das Sanctus kann auch in Liedform ausgeführt werden
Kanon	Seit dem 1. Advent 1968 sind neben dem bisherigen römischen Canon Missae drei weitere Canones freigegeben, die laut in deutscher Sprache gebetet werden können, während die Kanongebete zuvor (aus Furcht vor der Profanierung der heiligen Texte) nur still gebetet werden durften. Das Zentrum des Kanons sind die Einsetzungsworte, durch die die Wandlung von Brot und Wein in Leib und Blut Christi erfolgt
Pater noster	Das Vaterunser, das seit alters wegen der auf das Sakrament des Altars bezogenen vierten Bitte das Tischgebet der christlichen Gemeinde vor dem Abendmahlsempfang ist, wird gemeinsam in der Muttersprache gebetet
Agnus Dei	als Gesang zur Brotbrechung
Rüstgebet	Vor dem Empfang des Sakraments rüstet sich die Gemeinde durch ein gemeinsam gesprochenes Gebet nach Matth. 8,8: »Herr, ich bin nicht würdig, daß du eingehst unter mein Dach; aber sprich nur ein Wort, so wird meine Seele gesund«
Kommunionspendung	mit Kommuniongesang von Gemeinde bzw. Chor
Postcommunio	Schluß- bzw. Dankgebet
Segen	Segnung der Gemeinde mit dem trinitarischen Segen
Entlassung	Geht hin, ihr seid entlassen (Ite, missa est) – Dank sei Gott (Deo gratias).

Das Wort Messe ist aus dem »Ite, missa est« der Entlassung abzuleiten. In dem Wort missa steckt aber mehr als die bloße Anzeige, daß der Gottesdienst nun zu Ende und die Gemeinde entlassen ist. Wir haben das Wort missio bzw. dimissio mitzuhören. Die Gemeinde wird entsandt, ihren im Gottesdienst gestärkten Glauben im Alltag zu bewähren.

Erst das Tridentinum hat der römischen Messe ihre feste Gestalt gegeben. Bedauerlicherweise waren dabei antireformatorische Tendenzen bestimmend:

Weil die Reformatoren das allgemeine Priestertum aller Gläubigen betonten, wurde die Gemeinde im Missale Romanum völlig entmündigt. In den Rubriken des Meßbuches wurde bis 1951 (Neugestaltung der Osternachtfeier) die Gemeinde an keiner Stelle erwähnt. – Gegen die reformatorische Abendmahlslehre mit ihrer scharfen Abkehr vom römischen Meßopferverständnis wurde von den Tridentiner Theologen in bewußter Zuspitzung formuliert, die Messe sei ein verum et proprium sacrificium (ein wahres und eigentliches Opfer). Hier liegen auch heute noch die Differenzen im Abendmahlsverständnis beider Kirchen. Das Opfer der Messe wird nach katholischer Lehre als repraesentatio des Opfers von Golgatha bezeichnet. Die frühere Übersetzung dieses Ausdrucks (»Unblutige Wiederholung des Opfers von Golgatha«) finden wir im heutigen Katholizismus nicht mehr. Repraesentatio wird als Gegenwärtigsetzung (seltener auch als Erneuerung) des Christusopfers verstanden und übersetzt.
Bis zum Tridentinum hatten sich im lateinischen Ritus der katholischen Kirche neben der römischen Meßform noch eine Reihe anderer abendländischer Riten behauptet. Unter ihnen hatte die mailändische Liturgie eine besonders hervorgehobene Bedeutung. Ferner sind die gallikanische (im fränkischen Reich) gültige), die mozarabische (spanische), die afrikanische, die keltische und die angelsächsische Liturgie als bedeutsame Zeugnisse zu nennen. Mailand, einige spanische Städte sowie einige Orden halten die Meßfeier auf Grund besonderer Privilegien noch heute nach ihrem eigenen, nichtrömischen Ritus.
Die alte Zweiteilung der Messe in Katechumenen- und Gläubigenmesse liegt auch der jetzigen Ordnung noch zugrunde. Sie verlor aber mit dem Übergang zur Volkskirche (nur Getaufte nehmen am Gottesdienst teil) jede praktische Bedeutung. Vereinzelt hat sich der Brauch der Entlassung der Katechumenen bis ins 9. Jahrhundert erhalten.
In allen Ländern der Erde wurde die Messe bis in unsere Generation in lateinischer Sprache gehalten. Dies war ein imponierendes Einheitsband. Aber die aktive Anteilnahme der Gemeindeglieder war dadurch gehindert. Ähnlich hinderlich war auch die bislang geltende scharfe Trennung zwischen Priester und Gemeinde. Pius XII. hatte noch 1947 in der Enzyklika Mediator Dei eingeschärft, daß das Entscheidende der Messe – die Darbringung des Meßopfers durch den Priester – auch ohne Beteiligung der Gemeinde geschehe, deren Anwesenheit freilich einer Steigerung von »Glanz und Feierlichkeit« (!) diene und daher sehr wünschenswert sei. Die Konstitution über die Heilige Liturgie von 1964 kann zwar die dogmatisch festgelegte Unterscheidung von Priestertum und Laiengemeinde nicht aufheben; der Priester hat durch die Priesterweihe ein höheres Amt und eine höhere geistliche Vollmacht als der nur getaufte Laie. Es fällt jedoch auf, daß die Sonderstellung des Priesters in der Konstitution kaum noch erwähnt wird. Um so stärker wird die Bedeutung

der Gemeinde für den Vollzug des Gottesdienstes herausgestellt: »Alle Gläubigen möchten zu der vollen, bewußten und tätigen Teilnahme an den liturgischen Feiern geführt werden, wie sie das Wesen der Liturgie selbst verlangt« (Art. 14).

Die Muttersprache wird – freilich unter bestimmten Einschränkungen – als liturgische Sprache freigegeben, um dadurch eine stärkere innere Beteiligung aller am Gottesdienst zu ermöglichen (Art. 36). Aufbau und Wortlaut der Messe werden als veränderlich angesehen. Die gesunde Überlieferung soll auch auf liturgischem Gebiet gewahrt bleiben; aber es soll »einem berechtigten Fortschritt die Tür aufgetan« werden (Art. 23).

Einige Teile der Meßordnung, die im Laufe der Zeit verdoppelt oder unpassend eingeordnet wurden, sollen entfernt werden. Anderes dagegen soll, »soweit es angebracht oder nötig erscheint, nach der altehrwürdigen Norm der Väter wiederhergestellt werden« (Art. 50). Es ist also einesteils an eine kritische Sichtung des Bestehenden und anderenteils an eine Bereicherung aus altkirchlichem liturgischem Gut gedacht.

Auf die Predigt darf in einem Gemeindegottesdienst künftig nur bei Vorliegen eines schwerwiegenden Grundes verzichtet werden. Der Predigt folgt das Allgemeine Kirchengebet, das die katholische Meßordnung bisher ebenfalls nicht kannte.

Die katholische Kirche reichte ihren Gläubigen lange Jahrhunderte hindurch das Abendmahl unter Brot und Wein. Erst das Konzil von Konstanz (1414 bis 1418) beschloß die communio sub una specie (unter einer Gestalt: dem Brot). Seither darf nur noch der Priester das Abendmahl sub utraque specie (unter beiden Gestalten) zu sich nehmen. Es waren keine dogmatischen Gründe, derentwegen dem Volk der Abendmahlskelch entzogen wurde, sondern praktische Erwägungen. Die katholische Kirche dogmatisierte im Jahre 1215 die Lehre von der substantiellen Verwandlung der Abendmahlselemente. Das bedeutet, daß ein Kommunikant, der durch Unachtsamkeit einen Tropfen Wein aus dem Abendmahlskelch verschüttet, Christi Blut vergießt. Dies führte vielfach zu einer Abendmahlsscheu, ja -furcht. Seit dem 9. Jahrhundert ist der Brauch bezeugt, mit Trinkröhrchen aus dem Abendmahlskelch zu trinken. Um der Abendmahlsscheu der Gemeinden abzuhelfen, ging man dazu über, dem Volk bei der Kommunion nur noch die Hostie zu reichen. Theologisch erblickte man darin keine Verkürzung, weil – so argumentierte man – in Christi Leib ja auch sein Blut enthalten sei. Der Protestantismus – sowohl lutherischer als auch reformierter Prägung – reichte dagegen von Anfang an allen Gläubigen das Sakrament unter Brot und Wein. (In der Reformationszeit wurde der Laienkelch geradezu das Symbol des Protestantismus.) Nach den Beschlüssen des II. Vatikanischen Konzils wird jetzt wieder bei einer Reihe von besonderen

Anlässen auch dem katholischen Laienchristen das Abendmahl unter beiden Gestalten gereicht (Art. 55 der Konstitution; vgl. dazu die Instruktion der Ritenkongregation De cultu mysterii eucharistici vom 25. 5. 1967, Art. 32). Seit dem Tridentinum galt die Wandlung der Opfergaben als Höhepunkt der Messe. Meist kommunizierte der Priester allein. Dagegen wird jetzt die »vollkommenere Teilnahme an der Messe empfohlen, bei der die Gläubigen nach der Kommunion des Priesters aus derselben Opferfeier den Herrenleib entgegennehmen« (Art. 55). »In der Messe gehören also Opfer und heiliges Mahl so sehr zu demselben Geheimnis, daß das eine mit dem andern aufs engste zusammenhängt« (Instruktion der Ritenkongregation vom 25. 5. 1967, Art. 3 b). Über der Betonung der Mahlgemeinschaft tritt die römische Opferlehre sowohl in der Konstitution selbst wie auch in ihren Ausführungsbestimmungen spürbar in den Hintergrund.

Obwohl einiges grundsätzlich Trennende auch durch die Neugestaltung nicht aufgehoben wird, sind sich doch Katholiken und Protestanten auf liturgischem Gebiete in den letzten Jahren ein gutes Stück näher gekommen. In der Wertschätzung des Gottesdienstes können unsere Gemeinden noch viel von der katholischen Kirche lernen: »Die Liturgie ist der Gipfel, dem das Tun der Kirche zustrebt, und zugleich die Quelle, aus der all ihre Kraft strömt« (Art. 10 der Konstitution).

§ 7 *Luthers gottesdienstliche Reformarbeit*

Wie Luther keine neue Kirche gründen, sondern die bestehende Kirche reformieren wollte, so wollte er auch die überkommene Meßordnung reinigen, nicht aber eine völlig neue Gottesdienstordnung schaffen. Er stellt sich damit bewußt in die Tradition des abendländischen Kultus hinein. Der Maßstab, an dem er die römische Messe prüft, ist die evangelische Rechtfertigungslehre. Seine Kritik richtet sich daher in erster Linie gegen das katholische Verständnis des Meßopfers als eines verdienstlichen Werkes. Wir haben Luthers Bedeutung für die evangelische Liturgiewissenschaft nachdrücklich zu würdigen. Andererseits müssen wir seine (zum Teil zeitbedingten) Grenzen als Liturgiker klar sehen; so hat er den gesuchten Anschluß an die alte Kirche auf liturgischem Gebiete nicht gefunden. Seine Reinigung der Liturgie bedeutete in mancherlei Hinsicht eine Verarmung, besonders bei der Abendmahlsliturgie, die er der evangelischen Kirche als Torso hinterließ.

Luthers liturgische Hauptschriften:

1. Von ordenung gottis diensts ynn der gemeyne (1523).
2. Formula Missae et Communionis pro Ecclesia Vuittembergensis (1523) (Meß- und Kommunionordnung für die Gemeinde in Wittenberg).
3. Deudsche Messe und ordnung Gottis diensts (1526).

Die Schrift *»Von ordenung gottis diensts«* gibt Luthers Grundsätze in liturgischen Fragen in sechzehn Punkten gedrängt wieder. Luther stellt sich mit dieser Schrift bewußt in die abendländische liturgische Tradition hinein und erkennt der römischen Messe trotz der vielen Dinge, die er zu kritisieren hat, zunächst einmal ihren christlichen Ursprung zu. Er will den Gottesdienst, insbesondere das Predigtamt, wieder in rechten Schwang bringen. Zu diesem Zweck ist es erforderlich, vor allem drei Mißbräuche abzustellen:

a) Die Entwicklung sei dahin gegangen, daß man im Gottesdienst nur gelesen und gesungen habe. Darüber sei die Predigt vergessen worden. Luther ist dagegen der Ansicht, es solle keinen christlichen Gottesdienst geben – weder die Messe am Sonntag noch Mette und Vesper an den Werktagen –, in dem nicht die Bibel durch die Predigt ausgelegt wird, und sei es in aller Kürze. Sonntags vormittags sollen die Evangelien ausgelegt werden, nachmittags die Episteln oder fortlaufende Texte.

b) Unchristliche Fabeln und Lügen seien in den Gottesdienst eingedrungen. Alle Legenden solle man vorerst liegenlassen, bis sie gesichtet worden sind. Heiligenfeste hält Luther nur dann für zulässig, wenn sie biblisch begründbar sind.

c) Man habe den Gottesdienst als Werk getan. Mit der evangelischen Rechtfertigungslehre ist es aber unvereinbar, sich durch das Stiften oder Halten von Messen Gottes Wohlgefallen erwerben zu wollen. Es kommt nicht darauf an, sich viel zu schaffen zu machen – der Martha gleich –, sondern eins ist not, daß man Christus zu Füßen sitzt und sein Wort hört wie Maria (vgl. Luk. 10).

Die *»Formula Missae«* entstand ein halbes Jahr nach der vorigen Schrift. Nachdem man mancherorts die überkommene Meßordnung radikal verworfen und abgetan hatte, hielt Luther sich für verpflichtet, solchen »leichtfertigen und hochmütigen Geistern« einen eigenen Vorschlag entgegenzusetzen, der bewußt sehr konservativ gefaßt wurde, um den Gemeindegliedern möglichst viel von der eingebürgerten Gottesdienstform zu erhalten. Noch einmal wird betont, daß es sich bei der evangelischen Gottesdienstgestaltung nur um eine Reinigung der römischen Messe handeln könne. Der Wortteil (s. § 6) findet Luthers Billigung. Er übernimmt ihn mit nur geringfügigen Änderungen. Dagegen kann er sich nicht genugtun, den Canon Missae mit harten Worten zu kritisieren (in seiner drastischen Art spricht er von dem zerlumpten und greulichen Kanon, der aus Dreckpfützen und Unrat zusammengetragen sei!). Der Kanon mache die Messe zum Opfer *(sacrificium)*, zu einem den Priestern vorbehaltenen Geschäft *(monopolium sacerdotale)*. Alles, was nach Opfer klingt, solle ausgemerzt werden. Nur die Stücke, die »rein und heilig« sind, will Luther beibehalten. Das Abendmahl solle unter Brot und Wein gereicht werden. Die Kreuzeszeichen über Brot und Wein lehnt Luther ab; offenbar will er sich hierdurch von der katholischen Auffassung absetzen, als habe der Priester durch die ihm verliehene Weihe die Vollmacht, das Wandlungswunder zu vollbringen. Auffallenderweise behält Luther die lateinische Sprache noch bei. Nur die Predigt solle in der Landessprache gehalten werden. Der beste Platz der Predigt sei der Eingang des Gottesdienstes. Die Predigt vor dem Introitus sei die rufende Stimme in der Wüste. Die folgende Messe sei dann unmittelbarer Gebrauch des Evangeliums und Gemeinschaft am Tisch des Herrn. Immer wieder betont Luther, daß er die Ordnung nicht als Gesetz aufrichten wolle. Sie mag in christlicher Freiheit benutzt werden. Eine Gottesdienstordnung will für einen lebendigen christlichen Gottesdienst eine Hilfe sein, nicht aber ein Gesetz.

Mit den gleichen Gedanken (Freiheit im Gebrauch, nicht Gesetz) beginnt Luther auch die Vorrede seiner *»Deutschen Messe«* *(1526)*. Sein Vorschlag einer evangelischen Gottesdienstordnung soll der Willkür wehren. Er hat aber in Wittenberg selbst sich gegenüber Verbesserungen aufgeschlossen gezeigt, wie wir aus dem Bericht eines Augenzeugen wissen, der ein Jahrzehnt nach dem Erscheinen der »Deutschen Messe« an einem Gottesdienst in Wittenberg teilnahm.

Zwar ist Luthers Messe nie *norma normans* (schlechthin gültige Norm) für den evangelischen Gottesdienst gewesen, wie andere Gottesdienstordnungen der Reformationszeit beweisen, die sich teils stärker an die römische Messe anlehnen, teils schärfer von ihr abgrenzen; aber Luthers Ordnung von 1526 bedeutet doch die Weichenstellung für den evangelischen Gottesdienst bis in die Gegenwart hinein. Ihre Bedeutung ist in folgenden fünf Punkten zu erblicken:

a) Die Gemeinde wird von der Rolle des Zuschauers befreit. Sie wird aktiv zum Mitträger des Gottesdienstes durch das Gemeindelied – das zum Teil an die Stelle liturgischer Stücke tritt – und durch die Übernahme liturgischer Gesänge.

b) Die Predigt wird fester, unaufgebbarer Bestandteil des Gottesdienstes.

c) Die Opferhandlung wird aus der Messe entfernt; der Meßkanon als äußeres Gewand der Opferhandlung wird zertrümmert; nur die Einsetzungsworte bleiben und werden auf den biblischen Wortlaut zurückgeführt. Sie werden auch nicht still gebetet wie in der römischen Messe, sondern verständlich rezitiert.

d) Das Abendmahl wird unter beiderlei Gestalt gereicht.

e) Der Gottesdienst findet in der Muttersprache statt.

Die O r d n u n g d e r D e u t s c h e n M e s s e nach Luthers Vorschlag möge hier kurz skizziert werden:

Introitus	Deutsches Lied oder Psalm (auf einen Psalmton gesungen)
Kyrie	dreimal, nicht neunmal wie in der römischen Messe
(Gloria	fehlt, s. u.)
Kollektengebet	
Epistel	
Graduale	Deutsches Lied
Evangelium	
Credo	Luthers Glaubenslied »Wir glauben all«
Predigt	
Vaterunserparaphrase	Das Vaterunser selbst wird nicht gebetet
Abendmahlsermahnung	an Stelle der Präfation; Luther möchte jedoch nicht, daß eine allgemeine Beichte aus der Abendmahlsermahnung gemacht wird.
Einsetzungsworte	Austeilung des Brotes unmittelbar nach den Einsetzungsworten über dem Brot, erst danach die Einsetzungsworte über dem Kelch mit anschließender Austeilung des Weines. Keine Spendeformel. Kommunion-Lieder, u. a. das deutsche Sanctus »Jesaja dem Propheten« und das Deutsche Agnus Dei »Christe, du Lamm Gottes«.
Dankgebet	
Segen.	

Umstritten ist die Frage, warum das Gloria fehlt. Neben den häufiger vertretenen Deutungen (Luther habe das Gloria mit zum Kyrie gerechnet; Luther habe das Gloria für die Vorbereitungszeiten – nach der in der »Deutschen Messe« angegebenen Epistel handelt es sich um einen Adventsgottesdienst – fortgelassen) bleibt noch die Möglichkeit, das Fehlen auf einen Irrtum Luthers zurückzuführen. Viel Wahrscheinlichkeit dürfte jedoch die Deutung für sich haben, daß Luther das Gloria bewußt fortließ, weil es ihm für die Ausführung durch die Gemeinde im Unterschied zum Kyrie zu lang und deshalb zu schwer erschien. Ein Ersatzlied hatte er aber noch nicht anzubieten, wie dies beim Credo sowie bei Sanctus und Agnus Dei der Fall war. Mit dieser Auffassung stimmt Luthers Äußerung in der »Formula Missae« gut überein, daß es im Ermessen des Bischofs stehe, das Gloria nach Belieben fortzulassen.

Beachtenswert ist, daß Luther das Gebet des Herrn nicht im Wortlaut beten läßt, sondern statt dessen eine Umschreibung anbietet. Offensichtlich hat

Luther Bedenken gegen eine Inflation des Vaterunsers, gegen die Gedankenlosigkeit bei einer zu häufigen Wiederholung dieses Gebetes.
So geschlossen Luthers Vorschlag für eine Ordnung des evangelischen Gottesdienstes ist, so konsequent die evangelische Rechtfertigungslehre sich in diesem Meßformular ausprägt, so bedauerlich ist doch die Verstümmelung des Abendmahlsteiles, insbesondere des eucharistischen Hochgebetes. Luther hat hier zu sehr reinen Tisch geschaffen. Die Abendmahlsnot der evangelischen Kirche mag zu einem Teil dadurch mitbedingt sein, daß sie von ihren Anfängen an keine Abendmahlsordnung kennt, die der besonderen Würde dieses Höhepunktes im Gottesdienst entspricht. Die Verarmung der Abendmahlsliturgie geht bis ins 20. Jahrhundert hinein. Darüber wird weiter unten (§ 23) noch zu reden sein.

§ 8 *Der reformierte Gottesdienst*

Huldreich Zwingli vollzieht nach anfänglichen Versuchen, die römische Messe reformatorisch zu reinigen, im Jahre 1525 mit seinen Schriften »Action oder bruch (Gebrauch) des nachtmals, gedächtnus oder dancksagung Christi, wie sy uf osteren zu Zürich angehebt wirt, im jar MDXXV« und der »Ordnung der Christenlichenn Kilchenn zu Zürich« einen nahezu radikalen Bruch mit der Tradition der römischen Messe. Das Abendmahl soll jährlich nur noch viermal als Gedächtnismahl gefeiert werden. Für alle übrigen Sonntage ist reiner Predigtgottesdienst vorgesehen. Bei der Ordnung dieser Gottesdienste konnte Zwingli an den Typ des besonders in Süddeutschland verbreiteten Prädikantengottesdienstes anknüpfen. – Johannes Calvin trennt ebenfalls das Abendmahl vom Predigtgottesdienst. Er wünscht eine wöchentliche oder doch monatliche Abendmahlsfeier, kann sich jedoch damit nicht durchsetzen. Für den Kirchenraum und die liturgischen Formen fordert er möglichst große Schlichtheit. – Die Gottesdienstordnungen der reformierten Kirche haben die Formulare Zwinglis und Calvins meist vermischt.

Dem Predigtgottesdienst gaben die Väter der reformierten Kirche folgende Gestalt:

Zwingli (Ordnung der Christenlichenn Kilchenn)	Calvin
Gebet um rechtes Hören	Unsere Hilfe ...
Gebet für die Obrigkeit	Offene Schuld
Vaterunser	Absolution
Ave Maria	Psalmengesang der Gemeinde
	Gebet
	Vaterunser

Predigt
Abkündigungen und Fürbitte für die Entschlafenen
Offene Schuld
Bitte um Verzeihung der Sünde
(Die gesamte Kirchenmusik einschließlich des Gemeindegesanges entfällt bei Zwingli)

Psalmlied der Gemeinde
Freies Gebet des Predigers
Predigt
Fürbittgebet
Vaterunserparaphrase
Psalmlied der Gemeinde
Aaronitischer Segen
Wenn die Abendmahlsfeier gehalten wird, wird sie nach dem Fürbittengebet eingeschoben. Die Abendmahlsliturgie enthält u. a. das Apostolicum.

Bei Zwingli ist das Vorbild des spätmittelalterlichen Predigtgottesdienstes (vgl. § 20) unverkennbar. Der radikale Eingriff besteht darin, daß er diesen sakramentslosen Nebengottesdienst an die Stelle des Hauptgottesdienstes (der Messe) setzt. Damit ist er – gegenüber der römischen Praxis – in das andere Extrem verfallen: katholischerseits die Sakramentsfeier ohne Predigt – auf reformierter Seite der Predigtgottesdienst ohne Abendmahl. Dieses soll nur einmal im Vierteljahr nach folgender Ordnung gehalten werden:

Kollektengebet (Bitte um rechten Glauben und um rechte Treue)
Epistel
Gloria in excelsis (gesprochen)
Evangelium
Bitte um Sündenvergebung
Credo (Apostolicum!)
Abendmahlsvermahnung
Vaterunser
Bitte um rechten Empfang des Abendmahls
Einsetzungsworte
Kommunion
Dankgebet (Psalmgebet)
Entlassung.

Obwohl der Anfang dieser Ordnung gewisse Anklänge an die römische Messe erkennen läßt, besteht doch der Satz zu Recht, Luther habe gereinigt, Zwingli habe neu geschaffen. Beide Reformatoren sind sich einig in der energischen Abgrenzung vom katholischen Meßopferverständnis. Stärker als Luther betont Zwingli den Eucharistie- (= Danksagungs-)charakter der Abendmahlsfeier. Man könnte sagen: Luther sieht das Abendmahl vom Karfreitag her, Zwingli vom Gründonnerstag. Beides muß sich aber ergänzen!
Luther hatte eine Verbindung von Messe und Predigtgottesdienst angestrebt.

Die reformierte Praxis hat sich dann aber auch auf den lutherischen Gottesdienst nachhaltig ausgewirkt, der durch die Vernachlässigung des Abendmahls gleichfalls verarmte.

§ 9 Der evangelische Gottesdienst im Zeitalter der Orthodoxie, des Pietismus und des Rationalismus (1550–1850)

In der Zeit der Orthodoxie kommt es erneut zu einem gesetzlichen Verständnis des Gottesdienstes. Zwar bleiben die äußeren Formen erhalten, der Gottesdienst verliert aber seine innere Lebendigkeit. – Der Pietismus legt dagegen den Nachdruck auf die »Erwecklichkeit« der Gottesdienste, besonders der Predigt; dabei weiß er mit einer festgefügten Liturgie wenig anzufangen. – Schließlich kommt es im Rationalismus, der den Gottesdienst als Mittel zum Zweck der Belehrung und zur Förderung der Tugend ansieht, zu einer fast völligen Auflösung der bestehenden gottesdienstlichen Formen. Die Geschichte des evangelischen Gottesdienstes ist in ihren ersten drei Jahrhunderten die Geschichte des Verfalls der Liturgie.

1. *Orthodoxie* (das Zeitalter der »Rechtgläubigkeit«, der Glaubensfestigkeit, aber auch der dogmatischen Erstarrung).
In der lutherischen Orthodoxie kommt es zu einer Stabilisierung der Gottesdienstordnungen. In dieser Zeit erlebt die evangelische Kirchenmusik eine besondere Blüte. Der Reichtum unseres kirchenmusikalischen Erbes ist auf dem Boden geordneter gottesdienstlicher Verhältnisse erwachsen, wie es sie in den Jahrhunderten danach nicht wieder gab.
Andererseits ist die Zeit der lutherischen Orthodoxie keinesfalls als liturgisches Ideal zu betrachten. Zum Beispiel hatten bei der damaligen Verbindung von weltlichem und geistlichem Regiment in der Person des Landesherrn die kirchlichen Ordnungen und Anordnungen zugleich meist polizeilich-staatlichen Charakter. Der Gottesdienstbesuch wurde zum Teil obrigkeitlich angeordnet. Gottesdienstversäumnis sollte in Sachsen nach den Generalartikeln von 1557 mit Geldstrafe oder Halseisen bestraft werden.
Luther hatte einige liturgische Stücke durch Gemeindelieder ersetzt. Dieser Ansatz wurde in der Orthodoxie fortgeführt. Dabei konnte es dann geschehen, daß am Anfang des Gottesdienstes drei Lieder unmittelbar aufeinander folgten: ein Introitus-, ein Kyrie- und ein Glorialied. Mit der Zeit wurden diese liturgisch bedingten Lieder auch durch beliebige andere ersetzt. Dieser Liederkomplex war sicher einer der Gründe, weshalb immer mehr Gemeindeglieder erst zur Predigt kamen.

Diese hatte durch den Konfessionskampf viel von ihrer reformatorischen Frische eingebüßt. Wenn wir am Rande eines sonst wörtlich ausgearbeiteten Predigtkonzeptes die Worte lesen: »Hier wird gezankt« (d. h. hier wird gegen »Papisten« und Calvinisten polemisiert – was auch ohne genaue Ausarbeitung fließend vom Munde ging!), dann ist das hierfür ein anschaulicher Beleg. Um der Wahrhaftigkeit willen muß freilich hinzugefügt werden, daß die lutherische Polemik vielfach nur die Antwort war (etwa auf die sog. »Schleichwerbung«, wie sie an manchem Fürstenhof zu beobachten war). Durch ihre Länge (normalerweise eine volle Stunde) und ihre echte oder auch scheinbare Gelehrsamkeit war die orthodoxe Predigt im allgemeinen keineswegs auf das durchschnittliche Fassungsvermögen der Gemeindeglieder zugeschnitten.
Schon zur Zeit der Orthodoxie beginnt die Abspaltung der Abendmahlsfeier vom Predigtgottesdienst. Es war das Anliegen der lutherischen Reformation gewesen, den Akzent von der Wandlung (dem Opferakt des Priesters) auf die Kommunion der Gemeinde zu verlegen, der durch die Teilnahme am Sakrament die Verbindung mit Christus und die Verbindung untereinander geschenkt wird. Die Gemeinde hat aber nicht zu diesem Verständnis erzogen werden können. Daher griff die Unsitte um sich, daß eine große Zahl von Gemeindegliedern, die nicht zu kommunizieren beabsichtigte, nach der Predigt die Kirche verließ. Um dieses störend-peinliche Sich-davon-Schleichen zu vermeiden, ging man allmählich dazu über, die bloße Predigtgemeinde vor Beginn der Abendmahlsfeier mit dem Segen zu entlassen. Es kam zu der unglücklichen Form des »angehängten Abendmahls«, das für die lutherische Kirche bis in unsere Tage der Normalfall war. Erst durch die neuen Agenden ist es zu einer Verwerfung dieser »lutherischen Winkelmesse« gekommen; die Feier der Messe beginnt in unseren Gemeinden mehr und mehr wieder heimisch zu werden wenn auch vieles in dieser Beziehung noch sehr im argen liegt.

2. *Pietismus* (das Zeitalter der betonten »Herzensfrömmigkeit«; neben der Rechtfertigung bekommt die Heiligung einen neuen, starken Akzent; der Glaube ist in der Gefahr, subjektivistisch zu entarten).

August Hermann Francke erblickt in der gottesdienstlichen Gemeinde einen Haufen von Unbekehrten, die es zum Bußkampf anzuleiten gilt. Die Bekehrung wird als das Entscheidende angesehen; das Verständnis für die Bedeutung der Taufe schwindet. Die Bekehrten versammeln sich in besonderen Versammlungen (»Konventikel«); dort findet sich die ecclesiola in ecclesia (das Gemeindchen innerhalb der Gemeinde) zusammen. Da es im Gottesdienst in erster Linie um die erweckliche Predigt geht, geraten die anderen Teile des Gottesdienstes ins Hintertreffen. Die Agenden bleiben zwar im allgemeinen in Geltung, jedoch nimmt man nach Bedarf Abänderungen vor. Das freie Gebet hält Einzug in den Gottesdienst, da man das agendarisch geordnete Gebet für starr hält. War bis dahin das Graduallied (das Wochenlied zwischen den Lesungen) das »Hauptlied«, so geht dieser Name jetzt bezeichnenderweise auf das Predigtlied über. Der Weltfremdheit des Pietismus entspricht es, daß er zur Kunst im allgemeinen ein gebrochenes Verhältnis hat. Eine Ausnahme bildet die Dichtkunst, die durch den Pietismus zwar sehr gefördert wird, die aber in stilistischer Hinsicht vielfach unerträglich ist.

Der Pietismus hat das Verdienst, die Starrheit der Orthodoxie durchbrochen und die lebendige Gläubigkeit gefördert zu haben. Er wollte sich aber mit seiner Frömmigkeit von der Welt zurückziehen und verkannte meist, daß der christliche Glaube sich in der Welt zu bewähren hat. Den alten gottesdienstlichen Formen stand man oft verständnislos gegenüber, weil in diesen das Wirhafte ausgeprägt war, während der Pietismus ein primäres Verständnis für das Ichhafte hatte. Obwohl die überkommenen Gottesdienstordnungen äußerlich im allgemeinen erhalten blieben, wurden sie doch innerlich entleert.

3. *Aufklärung und Rationalismus* (die Zeit, in der man Verstand und Glauben auf eine Ebene setzt; das Christentum wird als Vernunftwahrheit ausgegeben; es komme auf eine Belehrung der Gemeinde mit den Glaubenswahrheiten an; die Predigt bekommt dadurch eine bis dahin ungekannte Akzentuierung.)

Die Aufklärung begann mit dem optimistischen Ansatz, man könne die Glaubensinhalte auch auf rationalem Wege erkennen. Aus diesem Ansatz geriet man bald in die Vermessenheit anzunehmen, nur auf die verstandesmäßig erfaßbaren Dinge des christlichen Glaubens käme es an. Unter diesem Aspekt mußte die Liturgie mehr als schlecht wegkommen. Viele liturgische Anschauungen und Vorschläge, die in der reichhaltigen rationalistischen Literatur ernsthaft vorgetragen werden, wirken wie schlechte Witze. (Das in § 33 unter Nr. 10 genannte Werk bietet dafür eine Fülle von Beispielen.)

Schule und Kirche werden im Grunde gleichgeschaltet: In beiden geht es um die Belehrung des Verstandes und um die Anleitung zu einem tugendhaften Leben. Ein neues Vokabular entsteht im Raume der Kirche: Pfarrer = Lehrer; Predigt = Vortrag bzw. Religionsvortrag; Gemeinde = Zuhörer, Publikum; Kirche = Hörsaal usw.

Die Predigt bekommt im Gottesdienst ein Monopol, eine beherrschende Stellung; alle anderen Teile des Gottesdienstes müssen sich ihr unterordnen. War es bis dahin eine Selbstverständlichkeit, daß sich die Predigt in die Liturgie einzuordnen habe, so wird jetzt das Gegenteil praktiziert: Die Wahl der Gebete, Lieder und Lesungen richtet sich nach dem Predigtinhalt. Die altkirchliche Perikopenordnung wird praktisch außer Kraft gesetzt. Überhaupt ist der Rationalismus wesensmäßig geschichtsfeindlich gewesen. Aus dieser Sicht versteht es sich fast von selbst, daß man unter den überkommenen gottesdienstlichen Ordnungen ziemlich radikal aufräumt. Die Wochengottesdienste werden besonders davon betroffen: Man hat kein Bedürfnis mehr nach Metten und Vespern, da man ja Gelegenheit hat, seine Religionskenntnisse auf andere Art und Weise zu bereichern! Aber auch die Ordnungen des Sonntagsgottesdienstes werden kritisiert: Sie seien zu gleichförmig und daher abstumpfend. Als Mittel zur Belebung wird eine möglichst vielgestaltige Abwechslung angepriesen. Den »Reiz des Neuen« sucht man im Gottesdienst, während man zuvor der Meinung war, daß das Neue andachthindernd, das Gewohnte aber andachtfördernd sei. Das Gebet wird vom Rationalismus inhaltlich entleert: Es ist nach seinem Verständnis ein Mittel der Selbsterziehung, nicht ein Gespräch mit Gott, in dem man ihm wie einem Vater alle Nöte und Bitten vortragen kann. Das Verständnis für das Kirchenjahr geht verloren, ebenso das Verständnis für die Paramente und die liturgischen Gewänder. Es sei ein Unsinn, am hellichten Tage Kerzen anzuzünden; der Pfarrer trete in der Alba, dem weißen Talar, wie ein Gespenst vor die Gemeinde usw.

So kann zusammenfassend festgestellt werden, daß die Aufklärung aus einem guten Anliegen heraus (dem Nachweis, daß Glaube und Wissen durchaus vereinbar sind) zu zersetzenden Ergebnissen gekommen ist, die in der Liturgiegeschichte nicht ihresgleichen haben.

§ 10 Die liturgische Restauration im 19. Jahrhundert

Die kirchliche Erneuerung zu Beginn des vorigen Jahrhunderts machte auch dem liturgischen Chaos ein Ende. Man suchte den Anschluß an die Agenden der Reformationszeit. Da aber vielfach ein geschichtlich gegründetes Verstehen der liturgischen Formen fehlte, kam es zu mancherlei Mißgriffen im einzelnen, obwohl die Verwurzelung in der Tradition aufs ganze gewahrt ist.

Den Anstoß für die liturgische Arbeit zu Beginn des vorigen Jahrhunderts gab der preußische König Friedrich Wilhelm III., der von 1797 bis 1840 regierte. Dieser hatte sich schon in den ersten Regierungsjahren lebhaft für liturgische Fragen interessiert. Unter dem Druck der politischen Ereignisse konnte er dieses Interesse jedoch vorerst nicht weiterverfolgen. Aber schon ein Jahr nach dem Ende der Befreiungskriege ernannte er eine Kommission, die sich mit der Aufstellung einer neuen Gottesdienstordnung befassen sollte, um dem liturgischen Chaos ein baldiges Ende zu bereiten. Als diese Kommission nicht im Sinne des Königs ihre Arbeit aufnahm, verfaßte er selbst eine Agende, die 1816 anonym als Agende für die Hof- und Garnisongemeinden in Berlin und Potsdam erschien. In den folgenden Jahren betrieb der König seine liturgischen Studien fleißig weiter, deren Ergebnis eine im Jahre 1822 veröffentlichte Agende war, die fürs erste zum Gebrauch in der Armee und in der Hof- und Domkirche in Berlin bestimmt war. Die Agende selbst sowie der vom Ministerium der Geistlichen Angelegenheiten im Auftrage des Königs eifrig betriebene Versuch, diese Agende auch in anderen Gemeinden des Preußischen Staates mit allen nur möglichen Mitteln einzuführen, riefen eine Flut von Protesten hervor. Schließlich kam es im Jahre 1829 zu einem Kompromiß: Die Agende von 1822 wurde überarbeitet (insbesondere wurden provinzielle Sonderwünsche berücksichtigt) und als Provinzialagende für die einzelnen preußischen Provinzen herausgegeben.

Es war einerseits das Anliegen Friedrich Wilhelms III., »auf Vater Luther zu recurrieren«, andererseits aber die Agende so abzufassen, daß sie von ihrem Inhalt her den Reformierten keine Anstöße gab. Nach dem Wunsch des Königs sollte die neue Agende das liturgische Einheitsband für die von ihm erstrebte Union zwischen Lutheranern und Reformierten in seinem Staate werden. Weil der Typ einer lutherischen Agende eindeutig getroffen war, fehlte es besonders am Widerspruch der Reformierten nicht. Die Art der Entstehung und Einführung der »königlichen Privatagende« ist in vieler Hinsicht recht fragwürdig; trotzdem kann nicht bestritten werden, daß die Agende von 1822 bzw. 1829 den Anstoß für die liturgische Restauration im 19. Jahrhundert gab. Ihr ist es insonderheit zu danken, daß diese Agenden im allgemeinen traditionsgebunden waren, ohne historisierend zu sein.

Die *liturgische Reform in der lutherischen Kirche* begann in Bayern. Sie ist eng mit dem Namen Wilhelm Löhe verknüpft. Für Mecklenburg waren die Veröffentlichungen Theodor Kliefoths von ähnlicher Bedeutung. Ihre Arbeiten wurden auch für die übrigen lutherischen Kirchen von großer Wichtigkeit. Die sächsische Landeskirche gab sich 1842 eine neue Agende. In den Jahren 1852, 1854 und 1856 fanden in Dresden liturgische Konferenzen für die Ordnung des lutherischen Hauptgottesdienstes statt (ein Vorläufer der Lutherischen Liturgischen Konferenz in unserem Jahrhundert). Die Ergebnisse der liturgischen Arbeit im 19. Jahrhundert bildeten eine tragfähige Grundlage für die liturgische Erneuerung in der ersten Hälfte des 20. Jahrhunderts. In folgenden Punkten mußten die Ergebnisse des vorigen Jahrhunderts vor allem korrigiert werden:

Kyrie und Gloria wurden vielfach mißdeutet. Das Kyrie verstand man als Sündenbekenntnis, das Gloria als Lobpreis für die Gnadenzusage. In mehreren Landeskirchen wurde das Kyrie direkt als Antwort der Gemeinde auf ein vom Liturgen gesprochenes Sündenbekenntnis geordnet, während das Gloria einem Gnadenspruch folgte. Die eigentlichen liturgischen Stücke wurden dadurch entwertet und zu Anhängseln an Stücke gemacht, mit denen sie von Hause aus nichts zu tun haben. Kyrie und Gloria wurden als liturgische Gestaltwerdung des lutherischen simul justus et peccator angesehen: auch der Christ stehe zugleich als Sünder (Kyrie) und Gerechtfertigter (Gloria) vor Gott. (Vgl. hierzu § 14 und § 15.)

Das (nizänische) Glaubensbekenntnis war im ausgehenden 18. Jahrhundert immer mehr aus dem lutherischen Gottesdienst verdrängt worden. Die liturgische Restauration griff dann bei der Erneuerung des Credo im Gottesdienst größtenteils auf das Apostolicum zurück. Dies mag zwei Gründe haben: Das Apostolicum war als Taufbekenntnis den Gemeinden noch geläufig. So mag man es um seiner Vertrautheit willen auch in die Ordnung der Messe aufgenommen haben. In den preußischen Agenden mögen auch Gründe der Union mitgesprochen haben, weil die reformierte Kirche dem Apostolicum auch in den (Predigt-) Gottesdiensten den Vorzug gegeben hatte. In Sachsen traf man überdies die seltsame Lösung, das Credo in Liedform an die Stelle des alten Graduale zwischen Epistel und Evangelium zu setzen.

Als Hauptlied versteht man im 19. Jahrhundert wohl allgemein das Lied vor der Predigt. Mit der häufig geübten Beschränkung auf *eine* gottesdienstliche Schriftlesung entfällt auch das Zwischenlied, das Graduale. Die Tradition eines von der Kirchenjahreszeit geprägten feststehenden Gemeindeliedes ist im 19. Jahrhundert verschüttet geblieben.

Besonders in einem Punkte ist das 19. Jahrhundert nicht über seine beiden Vorgänger hinausgekommen: Das Abendmahl wird nicht als fester Bestandteil des Sonntagsgottesdienstes, sondern nur einige Male im Laufe des Jahres als Anhängsel an den Predigtgottesdienst gefeiert. In den preußischen Agenden von 1822 bis 1895 wird sogar ein Teil der Abendmahlsliturgie (Präfation und Sanctus) vom Abendmahl gelöst und als Festtags-Schlußliturgie verwandt!

Auch die Stellung des Chores im Gottesdienst wird nicht sinnvoll gelöst: Die preußische Agende von 1829 sah für die Liturgie einen Dialog zwischen Pfarrer und Chor vor; die Gemeinde blieb bei der Liturgie stumm (1856 abgeändert). In den meisten Agenden ist sonst das andere Extrem festzustellen: Der Chor erhält überhaupt keine feste liturgische Funktion, sondern ihm obliegt die Verschönerung der Festtagsgottesdienste. Wenn er singt, soll er möglichst zu Beginn des Gottesdienstes und nach dem Credo singen, um die Liturgie nicht zu »stören«.

Die liturgischen Weisen der Agenden des vorigen Jahrhunderts erscheinen uns in mancherlei Hinsicht als unzureichend. Bedenklich ist vor allem die rhythmisierte und mit Leittönen versehene Gregorianik. Nicht weniger problematisch sind aber auch die Neuschöpfungen mit ihrem prometheischen Pathos (etwa Bortnianskys »Halleluja«). Unerträglich wirkt ein Stilmischmasch von Gregorianik und Romantik.

Um die Erneuerung des Gottesdienstes haben sich besonders drei Kreise verdient gemacht: 1. der Berneuchener Kreis (Evangelische Michaelsbruderschaft), 2. der Alpirsbacher Kreis und 3. die Hochkirchliche Bewegung (Evangelisch-ökumenische Vereinigung des Augsburgischen Bekenntnisses). – Selbstverständlich hat die gesamte geistige Entwicklung in unserem Jahrhundert auch die liturgische Arbeit befruchtet. Daher lassen sich unschwer Verbindungslinien zu anderen Gruppen aufzeigen. Zu nennen wären etwa die Jugendbewegung, die Singbewegung, die Laienspielbewegung und der Kirchenkampf sowie die Arbeiten einzelner Gelehrter. Die Lutherische Liturgische Konferenz hat aus den mancherlei Anregungen das herausgearbeitet, was für den Gottesdienst der evangelisch-lutherischen Kirchen fruchtbar gemacht werden kann. Das Ergebnis ist die »Agende für evangelisch-lutherische Kirchen und Gemeinden« (1955). Auch die Evangelische Kirche der Union hat eine Agenden-Neuordnung vorgenommen, die nur in wenigen Punkten von der lutherischen Agende abweicht (1953/1959).

Im Jahre 1923 schlossen sich auf dem damaligen Gut Berneuchen in der Neumark Theologen und Laien zum Berneuchener Kreis zusammen, aus dem 1931 die »Evangelische Michaelsbruderschaft« hervorging. Die Bruderschaft erblickt die Not des Protestantismus nach dem ersten Weltkrieg in einer falschen Vergeistigung (Intellektualismus). Der Mensch wird nach Leib und Seele als Gottes Geschöpf verstanden. Eine Erneuerung der evangelischen Kirche wird vom Sakrament her erstrebt. Doch ist die gottesdienstliche Erneuerung der Kirche nur eine Teilaufgabe (wenn auch der wesentlichste Teil) der kirchlichen Erneuerung überhaupt. Die Michaelsbruderschaft hat sich mit ihrer Neubesinnung nicht nur um die deutsche Messe bemüht, sondern ebenso auch um das Stundengebet, um die Ordnung der Beichte, um die Gestaltung des Kirchenjahres (Wochensprüche, Lesung für das Jahr der Kirche) u. a. Der Gestalt des Gotteshauses wird besondere Sorgfalt gewidmet (Bedeutung der Innengestaltung – besonders der Paramente – für die kirchliche Verkündigung). – Die Berneuchener haben den Mut zur Gestaltung neuer Formen gehabt. Manches ist allerdings im Stadium des Versuchs steckengeblieben. Mehr und mehr ist auch in der Michaelsbruderschaft eine geschichtliche Bindung in Erscheinung getreten.

Ohne bruderschaftliche Bindung kommt seit 1933 der *Alpirsbacher Kreis* zusammen, eine Arbeitsgemeinschaft von Theologen und Laien, die sich bewußt auf liturgische Fragen beschränkt. Der Name stammt vom Ort der ersten Zusammenkunft, der Klosterkirche Alpirsbach im Schwarzwald. Im Unterschied zu den

Berneuchenern sind die Alpirsbacher vorwiegend historisch ausgerichtet. Ihr musikalisches Hauptanliegen ist die Pflege des gregorianischen Chorals mit deutscher Textierung. Der Alpirsbacher Kreis, der theologisch von Karl Barth geprägt wurde, erblickt in der Gregorianik die ideale Kirchenmusik. In der Gregorianik bestehe nicht die Gefahr der Verdunkelung des Textes durch die Musik. Wort und Ton seien dort in einem guten Nebeneinander anzutreffen. Schon der reformatorische Choral wird als säkular beeinflußt empfunden. Die Arbeit des Alpirsbacher Kreises wird auf den »Kirchlichen Wochen« vorangebracht. Die Lutherische Liturgische Konferenz verdankt Alpirsbach gerade auf musikgeschichtlichem Gebiete eine stattliche Zahl von Forschungsergebnissen. Die Alpirsbacher Arbeit hat aber aufs ganze gesehen keine besonders starke Breitenwirkung gefunden. In der evangelischen Kirche der Gegenwart ist es nicht zu einer Verlebendigung deutschsprachiger Gregorianik gekommen.

Die *Hochkirchliche Bewegung* hat ein überkonfessionelles Anliegen. Es geht ihr um eine »evangelische Katholizität«, um eine Ausgestaltung der Kirchen der Reformation hinsichtlich Verfassung und Kultus. Von diesem Kreis sind sowohl in Fragen der Gestaltung der Messe als auch des Stundengebetes beachtliche Vorschläge ausgearbeitet worden. Der hochkirchliche Kreis hat jedoch auf die liturgische Erneuerung des lutherischen Gottesdienstes in der Gegenwart weit weniger Einfluß gewonnen als die Arbeit von Alpirsbach oder der Berneuchener.

Die *Singbewegung* trat in der Auswahl ihres Liedgutes im Geiste der »Antiromantik« an. Der Gefühlsüberschwang vieler romantischer Lieder (sowohl der Texte als auch der Weisen) war ihr zuwider. Die verhaltene, keusche Sprache der alten Volkslieder und die ihr entsprechende Melodiegestalt wurde als Ausdruck unserer Zeit neu erlebt. Aus diesen Kreisen geschah auch der Rückgriff auf das Kirchenlied der Reformation, zu dessen Texten und Melodien eine unmittelbare innere Verwandtschaft empfunden wurde. Die Pflege des reformatorischen Kirchenliedes ist also nicht ein historisierender Versuch einiger Hymnologen, sondern eine aus der Praxis stammende echte Neubelebung.

Aus dem *Kirchenkampf* sind der Kirche einige wesentliche Erkenntnisse zugewachsen: Zunächst wurde damit Ernst gemacht, daß die Gemeinde im Gottesdienst ein aktiver Mitträger des liturgischen Geschehens ist. Dies äußerte sich besonders in dem gemeinsamen Sprechen des Glaubensbekenntnisses, das als eine spontane Abwehr der Gemeinden gegen die Verfälschung des Bekenntnisses durch die Deutschen Christen aufkam. Die zentrale Bedeutung des Abendmahls wurde neu erkannt; der Gedanke der communio im doppelten Sinne (Gemeinschaft mit Christus und Gemeinschaft der Gläubigen) erhielt eine besondere Akzentuierung. Die Aktivierung der Laien äußerte sich auch in der Neubelebung des altkirchlichen Lektorenamtes. Schließlich ist die Neubesinnung über die Zu-

gehörigkeit des Dankopfers zum Gottesdienst zu einem großen Teil Frucht des Kirchenkampfes: Pfarrer der Bekennenden Kirche, die nicht im Dienste einer Landeskirche standen, mußten von den Kollektengeldern der Gemeinde leben.
Im Jahre 1941 trat in Hannover die »Arbeitsgemeinschaft der Liturgischen Konferenzen Niedersachsens, Westfalens und des Rheinlands« zusammen, die später in die »Lutherische Liturgische Konferenz Deutschlands« umbenannt wurde. Unter dem Vorsitz von Christhard Mahrenholz hat diese Konferenz das Agendenwerk der lutherischen Kirche unserer Tage erarbeitet: die »Agende für evangelisch-lutherische Kirchen und Gemeinden«, die inzwischen in allen vier Bänden vorliegt. Band I enthält den Hauptgottesdienst und die sonstigen Predigt- und Abendmahlsgottesdienste, Band II die Gebetsgottesdienste, Band III die Kasualien, Band IV die Ordinations-, Einsegnungs-, Einführungs- und Einweihungshandlungen.
Die *Agendenarbeit in der Evangelischen Kirche der Union* hat ebenfalls Frucht getragen: Die »Agende für die Evangelische Kirche der Union« (I. Die Gemeindegottesdienste) wurde 1953 zur Erprobung freigegeben. In überarbeiteter und vereinheitlichter Gestalt wurde sie dann 1959 von der Synode angenommen. Band II der Agende (Taufe, Konfirmation, Trauung, Bestattung, Ordination, Einführung, Einweihungshandlungen) wurde inzwischen ebenfalls verabschiedet und nach und nach eingeführt.

C. Die liturgischen Stücke des lutherischen Gottesdienstes[1]

§ 12 Das fakultative Rüstgebet (Confiteor)

In Anlehnung an das Stufengebet der Römischen Messe hat ein Teil der lutherischen Agenden dieses Sündenbekenntnis mit anschließendem Vergebungsvotum übernommen und auf die ganze Gemeinde übertragen (getreu dem evangelischen Verständnis, daß die ganze Gemeinde Träger des Gottesdienstes ist). In anderen Ordnungen fehlt das Confiteor nach dem Vorbild von Luthers Deutscher Messe. Die neuen lutherischen und unierten Agenden stellen es den Gliedkirchen frei, ob sie diesen Rüstakt zu Beginn des Gottesdienstes halten wollen oder nicht.

Der Rüstakt kann niemals Ersatz für die Beichte sein, vor allem deshalb nicht, weil die indikativische Lossprechung (» . . . verkündige ich euch die Vergebung der Sünden . . . «) nicht erfolgt. Der Rüstakt erscheint sinnvoll, weil auch der Christ nie anders als in dem Bewußtsein seiner Schuld und Unwürdigkeit vor Gott treten kann. Wo dies nicht durch das gemeinsame Sündenbekenntnis zum Ausdruck gebracht wird, ist es das Anliegen des stillen Gebetes, das der einzelne zu Beginn des Gottesdienstes spricht. Auf jeden Fall sollten sich alle, die im Gottesdienst amtieren (Pfarrer, Kantor, Lektor, Küster) vor dem Beginn des Gottesdienstes zum Sakristeigebet zusammenfinden.
Die sächsische Landeskirche hat als einzige deutsche Gliedkirche statt des Rüstaktes zu Beginn des Gottesdienstes die allgemeine Beichte mit der Absolution vor dem allgemeinen Kirchengebet auch in der neuen Gottesdienstordnung beibehalten (in Sachsen seit dem Ausgang des 16. Jahrhunderts üblich).

§ 13 Der Introitus

Der Introitus (lat. Einzug) war in der alten Kirche der Psalmengesang des Chores beim Einzug des Klerus zum Altar. Die geschichtlichen Einzelheiten über das Aufkommen des Introitus im christlichen Gottesdienst liegen zum

[1] Der Typ des lutherischen Gottesdienstes ist sowohl in der »Agende für evangelisch-lutherische Kirchen und Gemeinden« als auch in der »Agende für die Evangelische Kirche der Union« ausgeprägt. Die folgenden Ausführungen haben beide Agenden im Auge.

großen Teil im Dunkel. Spätestens zwischen 400 und 600 wurde er im abendländischen Kultus allgemein heimisch. Aus dem Gesang eines ganzen Psalms entwickelte sich allmählich die heute noch übliche Form der Psalmodie: Antiphon – Psalm (oder einige Psalmverse) – Gloria patri – Antiphon. Die Antiphon (Rahmenvers) gibt dem Psalm einen Skopus (Leitgedanken). Das Gloria patri will durch das Bekenntnis zum dreieinigen Gott deutlich machen, daß wir als Christen die Psalmen auf einer anderen heilsgeschichtlichen Ebene beten als die Juden. Nach den Introitus-Antiphonen haben viele Sonntage ihren Namen erhalten (z. B. Lätare, Jubilate). In der evangelischen Kirche ist das Gemeindelied an die Stelle des Psalms getreten; auch der doppelte Introitus (Chor und Gemeinde) hat sich eingebürgert. Die »Agende der Evangelischen Kirche der Union« rechnet ferner mit der Möglichkeit des vom Liturgen gesprochenen Introitus mit anschließendem gesungenem Gloria patri der Gemeinde.

Möglicherweise bestehen Verbindungslinien vom Psalmengesang am Anfang des Synagogengottesdienstes zum christlichen *Introituspsalm.* Dagegen spricht allerdings der für den christlichen Gottesdienst der ersten Jahrhunderte mehrfach bezeugte Brauch, den Gottesdienst gleich mit der Schriftlesung zu beginnen.
Das *Gloria patri* lautete in seiner ältesten uns bekannten Fassung: »Ehre sei dem Vater durch den Sohn im Heiligen Geist.« Erst gegenüber den Leugnern der göttlichen Trinität erhielt es die uns geläufige Fassung.
Die *Antiphon* trat um das Jahr 500 zum Psalm hinzu. Zeitweilig wurde sie nach jedem Psalmvers wiederholt. Einige Psalmen kommen im Laufe des Kirchenjahres wiederholt als Introitus vor. Da dient der Rahmenvers zur Akzentuierung bzw. Verdeutlichung des Anliegens des jeweiligen Sonntags. Der 98. Psalm hat zum Beispiel am Weihnachtstage die Antiphon »Uns ist ein Kind gegeben«, am Donnerstag nach Ostern die Antiphon »Christus ist auferstanden von den Toten«. Dadurch wird das Wunder, von dem der 98. Psalm allgemein singt (» . . . denn er tut Wunder«), näher bestimmt. Und am Sonntag Kantate klingt die Aufforderung zum Singen bereits in der Antiphon auf. Etwa zwei Drittel der Antiphonen entnehmen ihre Texte ebenfalls dem Psalter. Die meisten der übrigen Antiphonen entstammen anderen biblischen Büchern. Nur einige wenige sind frei gestaltet.
Gregor der Große († 604) beschnitt den Introituspsalm auf ein bis zwei Verse. Dieser Brauch wird auch heute noch in der römischen Messe geübt. Luther setzte in der »Deutschen Messe« 1526 wieder den ganzen Psalm ein (allerdings ohne Antiphon und Gloria patri), den die Gemeinde auf einen Psalmton singen sollte. An die Stelle dieses gesungenen Psalms konnte aber auch ein Introituslied der Gemeinde treten.

Die Entwicklung in der evangelischen Kirche ging in den folgenden Jahrhunderten dahin, daß an Stelle des ursprünglichen Psalm-(Introitus-)Liedes auch ein beliebiges anderes Lied gesungen werden konnte, wobei dann das Eigengepräge des Introitus völlig verlorenging. Am problematischsten ist die Wahl eines Morgenliedes als Introituslied: Fast alle Morgenlieder sind von Hause aus als Lieder für den Beginn des Werktages gedichtet worden. Welche Gedankenlosigkeit in der Liedauswahl wird bekundet, wenn die Gemeinde am Sonntag (dem Feier- und Ruhetag) singt: »Laß unser Werk geraten wohl . . . «! Die *Gestaltung des Introitus* in der evangelischen Kirche der Gegenwart hat keine in jeder Hinsicht befriedigende Lösung gefunden: In den lutherischen Gemeinden folgt das gesungene Gloria patri (liturgischer Text mit liturgischer Melodie) unmittelbar auf das Eingangslied (Strophenlied). Nur in ganz wenigen Ausnahmen fügen sich diese beiden Bestandteile zu einem organischen Ganzen zusammen. Besser steht es um die Fälle, in denen das Eingangslied mit einer Gloria-patri-Strophe schließt. Die Diskrepanz zwischen Eingangslied und liturgischem Gloria patri wird vermieden, wenn ein Chor-Introitus (choral oder figural) mit Gloria patri dem Gemeindelied vorangeht, weil in diesem Falle ein zweites Gloria patri der Gemeinde (nach dem Eingangslied) entfällt.
Auch die Lösung in den Gemeinden der Union ist wenig befriedigend: Nach einem Gemeindelied wird der Eingangspsalm in der Regel vom Liturgen gesprochen. Dagegen ist zunächst geltend zu machen, daß der Introitus von Hause aus ein Chorgesang ist, nicht aber ein Stück des Pfarrers. Es ist zu begrüßen, wenn die evangelische Kirche nach Luthers Vorbild die Gemeinde am liturgischen Vollzug des Gottesdienstes aktiv beteiligt (ohne daß freilich der Chor dadurch verdrängt werden soll!); es ist jedoch nicht Sache des Liturgen, Gesangsstücke des Chores *vorzulesen.* Wenn nun gar noch auf den vom Pfarrer verlesenen Psalm ein gesungenes Gloria patri der Gemeinde folgt, ist die Einheit des Introitus erheblich in Frage gestellt. Die einzige wirklich überzeugende Ausführung des Psalm-Introitus bleibt die Übertragung dieses Stückes auf den Chor, dem es von Hause aus zufällt.

§ 14 Das Kyrie eleison

Das Kyrie eleison im Eingangsteil des Gottesdienstes ist der Rest eines Fürbittengebetes in der Form der Litanei, das einst an dieser Stelle stand. Das Kyrie ist nicht Sündenbekenntnis, sondern Huldigung und Anrufung des helfenden Herrn, an den man sich in allen Nöten wenden kann.

Im Neuen Testament ist das *Kyrie* der Ruf der Elenden zum Heiland (Helfer); vgl. Matth. 15,22; 17,15; 20,30. Das Kyrie eleison ist die griechische Entsprechung des hebräischen Hosianna. Wie das Volk Jesus bei seinem Einzug in Jerusalem durch den Hosiannaruf als dem Messiaskönig huldigte, so wurde der römische Kaiser mit dem Kyrie eleison begrüßt, wenn er in der Öffentlichkeit erschien. Das Kyrie ist ein uralter Gebetsruf, der in vielen Religionen des Mittelmeerraumes nachzuweisen ist. Auch in Sonnenkulten ist er bekannt: Die aufgehende Sonne wurde mit diesem Gebetsruf begrüßt. – Das Kyrie eleison in der alten christlichen Kirche ist ein Bekenntnis zu Christus als dem Helfer in aller Not und eine Absage an die göttliche Verehrung irdischer Herren.

Diesem Herrn Jesus Christus konnte man alle Anliegen und Nöte vortragen. Für mehrere Jahrhunderte ist die geschichtliche Entwicklung des Kyrie eleison mit der Gestalt der Litanei verbunden. Die Gebetsanliegen wurden vom Vorbeter genannt, und die Gemeinde wandte sich in dem Kyrie-Ruf an den Herrn mit der Bitte um Hilfe. Besonders im Orient wurde das Kyrie »ohne Ende« gesungen, wie eine römische Pilgerin berichtet, die im Jahre 390 nach Jerusalem gepilgert war. Die orthodoxe Gottesdienstordnung enthält noch heute an der Stelle, an der wir das Kyrie singen, ein ausführliches Fürbittengebet, das mit dem Kyrie eleison verbunden ist.

Die *Ektenie* (so nennt man diese Form des Fürbittengebets; s. § 22) wurde gegen Ende des 5. Jahrhunderts durch Papst Gelasius in die römische Messe aufgenommen. Papst Gregor der Große kürzte sie und fügte als Wechselruf dem Kyrie eleison das Christe eleison hinzu. An Werktagen ging man dazu über, die Bitten überhaupt fortzulassen und nur noch Kyrie eleison und Christe eleison zu singen. Dieser Brauch ging im 7./8. Jahrhundert auch in die sonntägliche Messe über. Zu Beginn des 9. Jahrhunderts wurde dann statt der bis dahin beliebig häufigen Eleison-Rufe die heilige Neunzahl mehr und mehr üblich; dreimaliges Kyrie eleison, dreimaliges Christe eleison und abermals drei Kyrie-eleison-Rufe.

War das Kyrie eleison bis etwa zum Jahre 800 immer mehr gekürzt worden, so daß schließlich die ursprüngliche Form des Fürbittengebetes nicht mehr zu erkennen war, so begann im 9. Jahrhundert eine gegenteilige Entwicklung: Unter die immer länger werdenden musikalischen Bögen (Melismen) wurden Texte untergelegt. Zunächst mag es sich nur um Gedächtnishilfen für das Erlernen der Melodien gehandelt haben; bald aber wurde »laut gedacht«: Die Texte wurden gesungen. Diese Textunterlegungen nennt man Tropierungen. Die *Kyrie-Tropierungen* erfreuten sich großer Beliebtheit. Das Volk eignete sie sich zum Teil an. Es entstehen die sogenannten »Leisen«, volkstümliche Lieder, die mit dem Kyrie eleison schließen, die aber vom Tridentinum aus der Messe verbannt wurden. Luther konnte bei der Schaffung des evangelischen Gemeindeliedes in mehreren Fällen auf solche Leisen zurückgreifen.

Ein Kyrie-Tropus steht im Evangelischen Kirchengesangbuch unter Nr. 130:

»Kyrie, Gott Vater in Ewigkeit«. In diesem Lied findet sich eindeutig ein trinitarisches Verständnis des Kyrie. Schon die Neunzahl der katholischen Ordnung legte dieses Verständnis nahe, mehr noch Luthers Beschränkung auf die Dreizahl: »Kyrie eleison – Christe eleison – Kyrie eleison.« Es möge aber nicht übersehen werden, daß sich auch das Kyrie eleison von Hause aus an Christus wendet.

Das Kyrie war bis zur Reformationszeit ein *Chorstück.* Luther übertrug es in schlichtester Form auf die Gemeinde. Aber schon ein Jahr vor Luthers »Deutscher Messe« hatte die Straßburger Gottesdienstordnung (1525) einen Weg beschritten, der bis in die Gegenwart hineinführt: Das Kyrie wird zu einem *Wechselgesang* zwischen Chor und Gemeinde, wobei die Gemeinde mit dem deutschen Text (»Herr, erbarme dich – Christe erbarme dich«) auf den griechischen Text des Chores (»Kyrie eleison – Christe eleison«) respondiert. Sowohl die neue lutherische als auch die unierte Agende bieten neben dieser Form noch die ganz schlichte Weise aus Luthers »Deutscher Messe« (in der lutherischen Agende für die Fastenzeiten vorgesehen).

Unsere Chöre sollten sich nicht die Möglichkeit entgehen lassen, hin und wieder ein figurales Kyrie aus der schier unübersehbaren Fülle von Vertonungen des lateinischen Meßtextes im Gottesdienst zu musizieren. Hat die Gemeinde bei den anderen vier Sätzen des Ordinariums wegen der lateinischen Sprache Schwierigkeiten im Nachvollziehen dessen, was der Chor singt, so entfällt diese Schwierigkeit beim Kyrie eleison, da dieses fremdsprachige Stück der Gemeinde geläufig ist.

§ 15 Das Gloria in excelsis

Das gottesdienstliche Gloria umfaßt den Lobgesang der Engel (Luk. 2,14) und seine Erweiterung durch das »Wir loben dich . . . « (Laudamus). Seit dem 6. Jahrhundert finden wir es in zunehmendem Maße in den Meßordnungen an dem uns gewohnten Platz, nachdem es zuvor teils in der Mette, teils in der Abendmahlsliturgie der Messe seinen Ort hatte. Im evangelischen Gottesdienst wurde es vielfach durch die Umdichtung von Nikolaus Decius (»Allein Gott in der Höh sei Ehr«) verdrängt. Bei der liturgischen Restauration im 19. Jahrhundert wurde das Gloria in mehreren Agenden zu einem Anhängsel an einen Gnadenspruch gemacht und damit seiner selbständigen liturgischen Funktion beraubt. Die neuen Gottesdienstordnungen stellen das Gloria im allgemeinen wieder als selbständiges liturgisches Stück unvermittelt neben das Kyrie.

Das Gloria ist – anders als das Kyrie – ein in der christlichen Liturgie beheimatetes Stück, das keine Entsprechungen in anderen Religionen hat. Der Lobgesang der Engel (Luk. 2,14) will über dem Ereignis der Christgeburt zuerst

Gott die Ehre geben. Das Wunder der Weihnacht bedeutet zugleich auch Frieden auf Erden für die Menschen »des Wohlgefallens« (der Genitiv steht in den älteren Handschriften; die späteren Handschriften haben meist den Nominativ »ein Wohlgefallen«, so auch der griechische Text, nach dem Luther sein Neues Testament übersetzte). Die in die neue lutherische Agende aufgenommene Übersetzung »den Menschen sein Wohlgefallen« macht gegenüber der herkömmlichen Übersetzung »den Menschen ein Wohlgefallen« deutlich, daß Gottes Gnade in der Weihnacht proklamiert wird: Gott läßt verkünden, daß er an den Menschen um Christi willen Wohlgefallen haben will. Die lateinische Übersetzung »hominibus bonae voluntatis« (»den Menschen, die guten Willens sind«) macht Gottes Friedensbotschaft vom guten Willen der Menschen abhängig. Diese Deutung hat als verfehlt zu gelten. Das Verständnis des gottesdienstlichen Gloria ist von der Christgeburt her zu erschließen.

Wenn im heutigen Gottesdienst das Gloria in excelsis erklingt, dann erklingt es zu einer Stunde, in der Christus in Wort und Sakrament zu seiner Gemeinde kommt. Beachtenswerterweise steht das Gloria in excelsis nach dem Vorbild altkirchlicher Ordnungen in der Liturgie der orthodoxen Kirche heute noch im Zentrum des Gottesdienstes, im Sakramentsteil.

Abzulehnen ist die in neuerer Zeit mitunter vertretene Auffassung, Kyrie und Gloria seien liturgische Gestaltwerdung des lutherischen simul justus et peccator: der Christ stehe als Gerechtfertigter und Sünder zugleich vor Gott. Dies ist ein unmöglicher Anachronismus und eine Verkehrung des ursprünglichen Sinnes. Wäre diese Deutung richtig, so stünde der Christ in der Fastenzeit, in der das Gloria entfällt, nur als Sünder vor Gott!

Das *Laudamus* wurde bereits im 4. Jahrhundert mit dem Gloria in excelsis verbunden. Nach geringfügigen Textänderungen hat es im 9. Jahrhundert seine auch heute noch gültige Fassung erhalten. Die Anknüpfung an Psalmen und andere biblische Texte begegnet uns auch sonst in altkirchlichen Hymnen. Es sei auf das Tedeum hingewiesen, das mit dem Laudamus auch darin verwandt ist, daß es in seinem zweiten Teil zum Christushymnus wird.

Zunächst blieb das Gloria den Papst- und Bischofsmessen vorbehalten. Seit dem 11. Jahrhundert wurde es mehr und mehr auch in den von Priestern gehaltenen Messen gesungen. Daß das Gloria an den Sonntagen der Fastenzeit nicht in den Ritus aufgenommen wurde, hängt mit dem »Gesetz der Erhaltung des Alten in liturgisch hochwertiger Zeit« (A. Baumstark) zusammen. (So ist übrigens auch der Wegfall des Gloria patri in der Psalmodie von Judica bis Karsamstag zu erklären.) Auch vom 2. bis 4. Advent und an Bußtagen entfällt das Gloria in excelsis.

Der Liturg intoniert – heute wie ehemals – die erste Zeile; die Gemeinde singt dann den übrigen Lobgesang, beginnend mit »und auf Erden Fried«. Wie wir

schon sahen, fehlt das Gloria in Luthers »Deutscher Messe«, da er es möglicherweise als für die Gemeinde zu schwer erachtete. Wie andere liturgische Stücke hat Luther auch das Gloria in Liedform umgedichtet. Sein Glorialied (»All Ehr und Lob soll Gottes sein«) – bei dem seine Autorschaft freilich zweifelhaft ist – hat sich aber nicht behauptet und wurde bald durch die Umdichtung von Nikolaus Decius (»Allein Gott in der Höh sei Ehr«) in den Hintergrund gedrängt.
Von den zahlreichen *Melodien zum Gloria* hat sich sowohl in der neuen lutherischen als auch in der unierten Agende in erster Linie die Weise nach der Straßburger Ordnung von 1525 behauptet, die zusammen mit dem Straßburger Kyrie eine schöne musikalische Einheit bildet. Leider wird das Straßburger Gloria meist verstümmelt, indem man bei »Wohlgefallen« abbricht und ein Amen anfügt. Die nach der unierten Agende als Normalfall vorgesehene Addition von Gloria-Ausschnitt und Gloria-Lied ist vollends – sowohl textlich wie musikalisch – höchst problematisch. Es ist eine lohnende Aufgabe, in unseren Gemeinden das ganze Gloria (mit dem Laudamus) wiederzugewinnen. Wo es nur irgend möglich ist, sollte man auf diesen altkirchlichen Lobgesang nicht verzichten.

§ 16 Das Kollektengebet

Im Unterschied zum großen Fürbittengebet mit seinen ins einzelne gehenden Bitten besteht die Kollekte aus einem einzigen Satz, der durch die Kirchenjahreszeit geprägt ist. Die feststehende Form ist: Anrufung – Prädikation (Erinnerung) – Bitte – Zielsetzung der Bitte – Konklusion – Akklamation (Amen).

Das Kollektengebet ist die Zusammenfassung des ersten, anbetenden Teiles des Gottesdienstes (Introitus – Kyrie – Gloria). In diesem Sinne (Zusammenfassung der vorangegangenen Gebete) wird das Wort Kollekte schon im 9. Jahrhundert erklärt. Ähnliche Gebetsabschlüsse gibt es in der Liturgie auch sonst. Es sei auf den Schluß der Ektenie (s. § 22) oder auf die Secreta am Ende des Offertoriums der römischen Messe (s. § 6) hingewiesen.
Die Kollektengebete richten sich mit ganz wenigen Ausnahmen an Gott den Vater. Damit ist die urchristliche Sitte gewahrt, Gemeindegebete in der Regel nur an die erste Person der Trinität zu richten. An die Nennung des Namens Gottes schließt sich meist ein Relativsatz an (»der du ... « bzw. »du hast ... «), der sich auf Gottes Hilfe in der Vergangenheit bezieht. Gott wird für seine großen Taten gepriesen (Prädikation).
Die Bitte wird im Kollektengebet mit äußerster Prägnanz formuliert. Die Forderung Jesu, beim Beten nicht viel Worte zu machen, hat hier richtungweisend

gewirkt. Der Inhalt der Bitte ist vom Kirchenjahr her bestimmt. So sind oft gedankliche Beziehungen zum Sonntagsevangelium zu erkennen. – In vielen Fällen folgt auf die Bitte eine Zielsetzung (»auf daß wir ... «).
Jesus hatte dem Gebet in seinem Namen die Erhörung zugesagt. Von daher erklärt es sich, daß seit der Zeit der Apostel der Gebetsschluß lautete »durch Jesus Christus, deinen Sohn, unsern Herrn« o. ä. Bei der Ausbildung der kirchlichen Trinitätslehre hat dann der Gebetsschluß eine trinitarische Ausweitung erfahren. Die Gemeinde beschließt jedes Kollektengebet, das sie ja wegen des stets wechselnden Wortlauts nicht gemeinsam sprechen kann, mit dem Amen. Dadurch wird kundgetan, daß das Gebet, das der Liturg gesprochen hat, das Gebet der ganzen Gemeinde ist. Das Amen ist eine Bekräftigung, eine Unterschrift (Augustin: Amen dicere est subscribere – Amen sagen heißt unterschreiben).
Das Amen der Gemeinde ist damit das Gegenstück zu dem Gruß (Salutatio), der dem Kollektengebet vorangeht; in ihm erteilt die Gemeinde dem Liturgen die Vollmacht, als ihr Sprecher das Gebet vor Gott zu bringen.
Der Liturg wendet sich beim Gebet zum Altar. Er ordnet sich damit in die Gemeinde ein, wird als Beter Glied der Gemeinde, während er ihr bei den Lesungen und in der Predigt gegenübertritt. Statt von einer Wendung zum Altar zu reden, wäre es in der evangelischen Kirche wohl sinnvoller, von einer Wendung mit der Gemeinde bzw. zur Gemeinde zu sprechen.

§ 17 Die Lektionen

Vom Synagogengottesdienst her kannte die judenchristliche Urgemeinde die doppelte Schriftlesung: Gesetz und Propheten. In den heidenchristlichen Gemeinden wurden zunächst die Paulinischen Briefe verlesen, daneben auch messianisch gedeutete Stellen des Alten Testaments, seit dem letzten Drittel des ersten Jahrhunderts dann auch die Evangelien. Die Entwicklung führte während der nächsten Jahrhunderte über eine teils vierfache (Gesetz, Propheten, Epistel, Evangelium), teils dreifache Lesung (Altes Testament, Epistel, Evangelium) im Abendland zur doppelten Schriftlesung: Epistel und Evangelium. Nur in wenigen Fällen tritt eine alttestamentliche Lesung an die Stelle der Epistel. Im Gegensatz zu Zwingli und Calvin hielt Luther trotz einiger Bedenken an der altkirchlichen Perikopenordnung fest, mit ihm die lutherische Kirche. Die Sonntage erhalten ihre kirchenjahreszeitliche Prägung durch die jeweiligen Lesungen, besonders durch das Evangelium.

Das Wort *Perikope* kommt vom griechischen perikopto = herausschlagen. Unter Perikope verstehen wir den für den jeweiligen Sonn- oder Festtag verordneten Schriftabschnitt, der aus dem Schriftganzen »herausgeschlagen« wurde. Bereits sehr früh hat die Kirche versucht, eine feste Leseordnung für die Gottesdienste aufzustellen. Das römische Lektionar wird dem Hieronymus zugeschrieben; es soll von Gelasius (Papst von 366 bis 384) im römischen Gottesdienst eingeführt worden sein. Dies ist jedoch anfechtbar. Die römische Evangelienreihe steht jedenfalls seit der Mitte des 7. Jahrhunderts fest, die Epistelreihe seit dem 8. Jahrhundert.

Außer der Perikopenleseordnung gibt es zwei weitere Ordnungen: die *lectio continua* (fortlaufende Lesung) und die Eklogadie (Bahnlese). Bei der lectio continua wird ein biblisches Buch von Versammlung zu Versammlung Stück für Stück durchgelesen. Wir nehmen an, daß etwa die Paulusbriefe von den Urgemeinden in dieser Weise gelesen wurden. Die reformierte Kirche bevorzugt von jeher die lectio continua. Auch die katholische Kirche hat bei der Neuordnung des Lektionars (dreijähriger Lesezyklus) das Prinzip der fortlaufenden Bibellese wieder eingeführt. Der Vorteil besteht darin, daß die biblischen Bücher nicht in Auswahl, sondern ganz gelesen werden. Es war das Anliegen der Konzilsväter, daß dem Volke »die Schatzkammer der Bibel weiter aufgetan werde« (Liturgiekonstitution von 1964, Art. 51). Sinnvoll ist die lectio continua jedoch nur, wenn alle Gottesdienstbesucher Sonntag für Sonntag anwesend sind. Besonders problematisch erscheint die in der reformierten Kirche noch verbreitete Praxis von Predigtreihen über ganze biblische Bücher. Es führt zu einer unvermeidlichen Eintönigkeit, wenn einer Gemeinde durch Monate oder Jahre hindurch in der Predigt ausschließlich der Prophet Hesekiel ausgelegt wird.

Die *Bahnlese* ist eine fortlaufende Lesung mit Auslassungen. Hier wird der Versuch unternommen, weniger Wichtiges zu überspringen (vor allem bei der Lesung alttestamentlicher Schriften). Man wird gegen die *Eklogadie* gewichtige Bedenken erheben müssen: Wer gibt uns die Maßstäbe für die Auswahl des Wichtigen und des weniger Wichtigen? Dennoch hat sich diese Leseordnung in dem weitverbreiteten »Bibelleseplan« gut bewährt. Im lutherischen Gottesdienst der Gegenwart findet weder die lectio continua noch die Eklogadie Verwendung. Einige Forscher meinen jedoch, als letzten Rest einer solchen Ordnung die Lesungen aus dem Römerbrief an den Sonntagen nach Epiphanias ansprechen zu können. Luther hatte gewünscht, daß in den Nachmittagsgottesdiensten und in den Wochengottesdiensten über biblische Bücher fortlaufend gepredigt würde.

Getreu seiner Grundkonzeption, am römischen Gottesdienst nur das Unevangelische auszumerzen, behielt Luther die Perikopenordnung für die Messe bei. Er hat damit ein Stück Ökumene erhalten, das erst durch die Reform der römischen Leseordnung (1969) zerbrochen ist. Luthers Bedenken richteten sich hauptsächlich gegen die Auswahl der altkirchlichen Epistelreihe, weil diese Ordnung seiner Meinung nach zu viele gesetzliche Texte enthielt. Zwingli und Calvin hielten die Perikopenordnung für eine Verkürzung der Schrift und lehnten sie daher ab.

Auf eine Merkwürdigkeit bei der Zuordnung von Episteln und Evangelien möge kurz hingewiesen werden: Luther übernahm in seiner *Kirchenpostille* (Postille = Predigtbuch, Predigtsammlung für alle Sonntage eines Jahres) die Perikopen in Anknüpfung an das Homiliarium Karls des Großen. Dieses weicht aber etwas vom römischen Lektionar ab. Dadurch konnte es geschehen, daß eine Differenz zwischen katholischer und evangelischer Perikopenordnung auftrat: In der Trinitatiszeit ist die Epistelreihe gegenüber der Evangelienreihe um einen Sonntag verschoben. Man hat viel Geist aufgewendet, um eine thematische Zusammengehörigkeit von Episteln und Evangelien (die an den Hauptfesten natürlich gegeben ist) für das ganze Kirchenjahr festzustellen bzw. zu konstruieren. In welcher der beiden Kirchen sollten dann in der Trinitatiszeit die Lesungen zuzusammengehören? – Zur Kirchenjahreslese vgl. § 27.

§ 18 Die Zwischengesänge (Halleluja und Graduale)

Das Halleluja und das Graduale sind von Haus aus Psalmengesänge. Sie waren zunächst durch die Epistel (die mittlere von damals drei Lesungen) getrennt. Bei der Beschränkung auf zwei Lesungen kam es zur unmittelbaren Aufeinanderfolge dieser Zwischengesänge. Beide sind von jeher selbständige liturgische Stücke; sie haben keine begleitende Funktion wie etwa der Introitus oder die Musica sacramenti.

a) In der römischen Messe ist das Halleluja die Antiphon eines Psalmengesanges. Nach der Zeit des liturgischen Verfalls, in der das Halleluja in der evangelischen Kirche gleichsam das Amen auf die Epistel wurde, hat die liturgische Erneuerung unserer Tage sich um eine Wiedergewinnung des Halleluja-Verses bemüht. In der österlichen Freudenzeit ist ein doppelter Hallelujavers mit nochmaligem Halleluja vorgesehen. Zwischen Septuagesimä und Karsamstag sowie an Bußtagen entfällt das Halleluja. – Im Mittelalter kam es zur Bildung von Sequenzen durch die Textunterlegung unter den jubilus, den musikalisch breit ausgesponnenen Schlußvokal der Halleluja-Antiphon.

»Halleluja« kommt aus dem Hebräischen und heißt: »Lobsinget Gott!« Eine Reihe von Psalmen wird von einem zweimaligen Halleluja eingerahmt (z. B. die Psalmen 135; 146–150). Diesen Brauch hat die christliche Kirche in der Liturgie auch auf andere Psalmen übertragen. Die geschichtliche Entwicklung des Hallelujagesanges bietet im einzelnen eine Reihe ungelöster Fragen.

Schon Augustin kannte den Halleluja-Jubilus: Mit dem Schlußvokal des Halleluja wurden »Lieder ohne Worte« gesungen; wo die Sprache nicht mehr ausreicht, jubiliert das Herz in Lauten, die über das verstandesmäßig Erfaßbare hinausgehen. Das –a umfaßt häufig Melismen von mehreren hundert Noten. Man könnte fast von einer mit dem Kehlkopf ausgeführten Instrumentalmusik sprechen. Mit Recht wird auf die Parallele zum urchristlichen Zungenreden bzw. Zungensingen hingewiesen (1. Kor. 14,15: Psalmen singen im Geist). Wohl als technische Hilfe beim Auswendiglernen der langen jubili ist es dann zu Textunterlegungen gekommen, wodurch oft eine Fülle beachtlicher Dichtungen hervorgerufen worden ist. Es sind dies die sogenannten Sequenzen (die »Folgen«, weil sie dem Halleluja folgten).

Noch vor der Aufnahme des Halleluja in die römische Messe kam es zu einer Verkürzung des Psalms auf einen Vers: Halleluja – Psalmvers – Halleluja. Nur in der Osterzeit tritt ein zweiter Vers mit nochmaligem Halleluja hinzu. Ein Teil der Hallelujaverse ist auch anderen biblischen Büchern entnommen; es handelt sich jedoch auch in diesen Fällen stets um zweigliedrige Verse, da sie ja auf einen der Psalmtöne gesungen werden.

In der evangelischen Kirche wurde das Halleluja mehr und mehr seines Charakters als eines selbständigen liturgischen Stückes beraubt. Es wurde zur Antwort der Gemeinde auf die Epistel. Wie man die Gebete mit einem Amen beantwortete, so beantwortete man die Epistel mit einem Halleluja. An Stelle des Sonntag für Sonntag wechselnden Hallelujaverses sprach der Liturg meist einen gleichbleibenden Bibelspruch nach der Verlesung – ein Aschenhäufchen des ursprünglichen Brauches! Die neuen Agenden bringen eine Wiederbelebung des Hallelujaverses: Nach einem Halleluja, das aus Gründen der Singbarkeit durch die Gemeinde sehr schlicht gehalten ist, singt der Chor den Hallelujavers auf einen Psalmton; die Gemeinde wiederholt das Halleluja. In der Fastenzeit entfällt die Hallelujapsalmodie. Leider hat man sich bei der lutherischen Agendenerneuerung nicht um die Wiedergewinnung des Tractus bemüht, den die römische Messe an den Sonntagen in der Fastenzeit an dieser Stelle kennt. Der Tractus besteht aus mehreren Psalmversen, die vom Chor in schlichter musikalischer Gestalt (nichtantiphonisch) vorgetragen werden. In der Agende I entsteht an dieser Stelle eine spürbare Lücke. – In der österlichen Freudenzeit ist nach Agende I (wie im Missale Romanum) ein zweiter Vers (dreifaches Halleluja) vorgesehen.

b) Der Name Graduale (lat. gradus = Stufe; Graduale = Stufengesang) ist wahrscheinlich von dem früheren Brauch abzuleiten, daß dieser Psalmengesang vom Vorsänger von den Stufen des erhöhten Lesepultes (Ambo) aus angestimmt wurde. In der evangelischen Kirche ist seit Luthers Deutscher Messe an die Stelle dieses Chorgesanges ein Gemeindelied getreten, unser heutiges Wochenlied, das auf das Evangelium oder (seltener) auf die Epistel des Tages Bezug nimmt. Es ist das eigentliche Hauptlied des Gottesdienstes.

Das Graduallied sollte nach Möglichkeit vom Chor im Wechsel mit der Gemeinde gesungen werden, zunächst um den Chor an diesem ihm ursprünglich

allein zustehenden Stück zu beteiligen, dann aber auch aus dem praktischen Grunde, daß die Gemeinde bei den oft vielstrophigen Liedern stimmlich ermüden würde. Die Ausführung alternatim (d. h. im Wechsel: Gemeinde und Chor wechseln Vers um Vers ab) bietet die beste Möglichkeit für eine vollständige Wiedergabe des Wochenliedes.
Für das Graduallied bietet die kirchliche Ordnung fast ausschließlich Lieder aus der reformatorischen oder nachreformatorischen Zeit, weil diese Lieder in ihrer meist stark objektiven Ausdrucksweise sich an der Stelle zwischen Epistel und Evangelium besonders gut eignen. Stärker subjektiv geprägte Lieder gehören eher in die Nachbarschaft der Predigt.

§ 19 Das Credo

Von den drei altkirchlichen Bekenntnissen werden nur das Nicänum und das Apostolicum im Gottesdienst verwendet. Das Nicänum ist von ausgeprägt hymnischer Gestalt und wurde daher das eigentliche Credo des Hauptgottesdienstes. Das Apostolicum war seit alters das Bekenntnis im Taufgottesdienst. Die evangelische Kirche kennt seit Luthers Deutscher Messe auch das Credo in Liedform als gemeindegemäße Form des gottesdienstlichen Glaubensbekenntnisses. Erst bei den liturgischen Reformen des 19. Jahrhunderts hat das Apostolicum das Nicänum im lutherischen Gottesdienst fast völlig verdrängt.

Das Credo (lat. credo = ich glaube) hat seinem Wesen nach eine doppelte Ausrichtung: Unsere Glaubensbekenntnisse sind Stück für Stück im Zusammenhang mit Lehrstreitigkeiten gewachsen. Ein Glaubensbekenntnis ist daher zunächst ein Bekenntnis meines Glaubens gegenüber Irrlehren. Es ist confessio (Bekenntnis). Das Glaubensbekenntnis hat aber zugleich auch eine Gott zugewandte Seite; es ist Lobopfer (vgl. Hebr. 13,15). Unter diesem Aspekt hat es Aufnahme in den christlichen Gottesdienst gefunden. Dies geschah in der römischen Messe erst am Anfang unseres Jahrtausends, also in verhältnismäßig später Zeit.
Das *Apostolicum* wurde von der Legende als gemeinsames Bekenntnis der zwölf Apostel dargestellt: Diese hätten, ehe sie sich als Missionare in alle Welt begaben, jeder einen Satz zu dem Apostolicum beigesteuert. Wir wissen heute, daß dieses Bekenntnis erst in wesentlich späterer Zeit entstanden ist. Sein Kern lag zwar um die Mitte des 2. Jahrhunderts in Rom als Taufbekenntnis bereits vor, doch hat es noch mehrere Jahrhunderte hindurch Änderungen und Erweiterungen erfahren. Als letztes Stück fand der Satz von Christi Höllenfahrt Aufnahme in dieses Bekenntnis.
Das *Nicänum* ist in seinem Grundbestand älter als die Synode von Nicäa (325), ist in seiner jetzigen Gestalt aber erst auf dem nächsten Konzil in Konstanti-

nopel (381) fixiert worden. Das Bekenntnis heißt nach den beiden Synoden, denen es seine Entstehung bzw. Autorisierung verdankt, Nicaeno-Constantinopolitanum.

In der Zeit des Rationalismus wurde es nicht mehr regelmäßig im Gottesdienst verwendet, teils auch verändert, gelegentlich sogar als Ersatz für die Schriftlesung empfohlen. Die liturgische Restauration im vergangenen Jahrhundert hat auch hierin einen Wandel geschaffen. Als gottesdienstliches Glaubensbekenntnis gebrauchte man nun aber das Apostolicum, das den Gemeindegliedern als Taufbekenntnis und Katechismusstück noch etwas mehr geläufig war. Der Einfluß der preußischen Unionsagende des Königs Friedrich Wilhelm III. ist für diesen Brauch besonders bestimmend gewesen. In ihr ist unter reformiertem Einfluß das Apostolicum als sonntägliches Glaubensbekenntnis vorgesehen.

Die lutherische Kirche hat stets auch das gemeinsam gesungene Glaubensbekenntnis in Liedform gepflegt. Das Singen ist die gemeindegemäße Form für das gemeinsame Credo, weil hier durch die Melodie jeder dazu geführt wird, sich in einen gemeinsamen Rhythmus einzufügen. Das gemeinsame Sprechen ist demgegenüber meist sehr viel problematischer (vgl. § 31).

§ 20 Die Predigt

»Die Predigt ist ein Stück der Liturgie und die Liturgie weithin Predigt« (O. Dietz). Nach einer Zeit der Hochschätzung und Pflege der Predigt in der alten Kirche verkümmerte sie im Ost- und Westkatholizismus im Mittelalter weithin. Doch erfreute sie sich vornehmlich im karolingischen Kirchengebiet auch weiterhin besonderer Pflege. Im ausgehenden Mittelalter kam es zu einer neuen Blüte der Predigt und zur Ausbildung einer eigenen Predigtliturgie (Pronaus), die schließlich aus der Messe hinausdrängte. Die Reformatoren, die durchweg der Predigt eine überaus hohe Bedeutung beimaßen, konnten an solche Predigtgottesdienste zum Teil anknüpfen.

Jesus hat sowohl in der Synagoge gepredigt als auch im Freien gelehrt. Die alte Kirche kennt ebenfalls beides: die Schriftauslegung vor der versammelten Gemeinde und die öffentliche Missionsrede. Inhaltlich besteht zwischen beiden Predigtweisen kein grundsätzlicher Unterschied. So war die gottesdienstliche Predigt im Gegensatz zu den Sakramenten auch für die Nichtgetauften offen. Predigt kommt vom lat. praedicatio. Dieses Wort bedeutet zunächst Vorweg-Rede, d. h. vorläufige Bekanntgabe einer Botschaft. Der Urtyp aller Prediger ist Johannes der Täufer. Predigt ist Heroldsdienst, ist aktualisierte Konfrontierung mit dem Willen dessen, der den Herold sendet und der ihm persönlich nachfolgt.

Die Predigt war im altkirchlichen Gottesdienst – spätestens seit dem 4. Jahrhundert – normalerweise den Bischöfen und Priestern vorbehalten, nur in Ausnahmefällen auch den Presbytern und Diakonen erlaubt. Das mag zum Teil in der Furcht vor Irrlehren begründet gewesen sein, spiegelt aber auf jeden Fall die hohe Wertschätzung dieses Teiles der Liturgie wieder. Die Lehrautorität des Bischofs gab seinem Amt besonderes Gewicht. – Der Prediger saß während der Predigt (die cathedra ist der Lehrstuhl!); die Gemeinde stand.

Besonders interessant und vielschichtig ist die Entwicklung der Predigt im Mittelalter. Im römischen Ritus schwindet schon in älteren Ordnungen ihre Bedeutung. Andererseits zeichnen sich die fränkischen Ordnungen (gallikanischer Typ) durch eine Wertschätzung der Predigt aus. Karl der Große verpflichtete die Priester nachdrücklich zum Predigen. Mehrere karolingische Synoden aus dem Anfang des 9. Jahrhunderts fordern die Predigt in der Muttersprache. So ist auf deutschem Boden der Brauch, in der Messe zu predigen, nie ausgestorben. Im ausgehenden Mittelalter setzt sogar eine neue Blütezeit der Predigt ein.

Die Grundform der gottesdienstlichen Schriftauslegung ist die Homilie. Man versteht darunter eine Predigtweise, die den jeweiligen Schriftabschnitt Stück für Stück erklärt und aktualisiert. Erst die Scholastik entwickelte als neue Form den Sermon, die Themapredigt.

Interessant ist die Entwicklung einer eigenen »Predigtliturgie«, die schon in der Karolingerzeit einsetzt und die sich nach der Jahrtausendwende weiter entfaltet. In ihrer ausgebildetsten Gestalt besteht sie etwa aus folgenden Stücken: Lateinische Textverlesung – Kanzelgruß – Text in deutscher Übersetzung – Predigteinleitung (Exordium) – Ave Maria oder Vaterunser oder Lied (hier finden wir u. a. den Gesang der Leisen) – Predigt – 10 Gebote oder andere Katechismusstücke – allgemeine Beichte und Absolution – Abkündigungen – Fürbitten – Kanzelsegen. Diesen Komplex nannte man Pronaus (vom franz. prône, das vom lat. praeconium = praedicatio abzuleiten ist). Innerhalb der sonst gesungenen Liturgie ist der Pronaus ein zusammenhängender gesprochener Teil. Je breiter er sich entfaltete, desto mehr sprengte er die Einheit der Messe, desto mehr drängte er nach Verselbständigung. Teils wurde er vor die Messe gestellt, teils wurden besondere Versammlungen daraus. Diesem Drang nach Verselbständigung entsprach kirchenbaulich die Verlegung der Kanzel von den cancelli (den Altarschranken) weg in das Kirchenschiff. Der Name Kanzel blieb, obwohl diese Ortsbezeichnung nicht mehr stimmte. Der Bezug zur Liturgie blieb insofern gewahrt, als die Kanzel meist an einem Pfeiler auf der Evangelienseite des Kirchenschiffes erbaut wurde.

Das Laterankonzil (1215) erinnerte die Bischöfe an ihre Pflicht zu predigen und geeignete Prediger zu bestellen. Im folgenden Jahre wurde der Predigerorden (Dominikaner) gegründet. Im 15. Jahrhundert kam es – allerdings meist auf die

größeren Städte beschränkt – zur Stiftung besonderer Predigerstellen (Prädikaturen), derentwegen es häufig zu Spannungen zwischen Gemeindepfarrern und Ordenspredigern kam. Die Einrichtung von Prädikaturen bekundet das Verlangen nach (besserer) Predigt – teils als echtes Verlangen nach dem Worte Gottes, teils als Mittel zur Belehrung und sittlichen Erziehung des Volkes.
Im Gegensatz zu Süddeutschland war in Sachsen die Einrichtung von Prädikaturen und besonderen Predigtgottesdiensten kaum bekannt. Sicher hängt die unterschiedliche Haltung der Reformatoren gegenüber dem Predigtgottesdienst mit ihren persönlichen Erfahrungen zusammen (obwohl sicher auch theologische Motive ihre Stellung entscheidend bestimmt haben): Luther kennt keinen reinen Predigtgottesdienst; Zwingli macht aus dem Nebengottesdienst (diese Bedeutung hatte er im Mittelalter ganz eindeutig) den Hauptgottesdienst.
Im lutherischen Hauptgottesdienst wurde bis in die zweite Hälfte des 18. Jahrhunderts hinein jahraus, jahrein sonntags über die altkirchliche Evangelienreihe gepredigt. (Die Episteln wurden werktags ausgelegt.) Dies hat in der lutherischen Orthodoxie zu allerlei gekünstelten Predigtschemata geführt, die die jedes Jahr wiederkehrenden Predigttexte in neuer Beleuchtung verlebendigen wollten. Nach mancherlei Versuchen im 19. Jahrhundert wurde von der Lutherischen Liturgischen Konferenz nach längerer Erprobungszeit eine Ordnung der Predigttexte mit sechs Reihen herausgegeben (1958). In den geprägten Zeiten des Kirchenjahres ist der auch in der Epistelreihe eindeutige Bezug zum Sonntagsevangelium in den vier neuen Reihen gewahrt. Im übrigen wurde zwar auch darauf geachtet, daß die neuen Texte eine gewisse Beziehung zu den altkirchlichen Perikopen (teilweise mehr kontrapunktischer Art) haben; es sollte jedoch vor allem der Reichtum der Bibel stärker erschlossen werden. Etwa ein Viertel der neuen Texte wurde dem Alten Testament entnommen.
Die Stellung der Predigt im lutherischen Gottesdienst nach dem Credo besagt, daß die Schrift anhand des Bekenntnisses ausgelegt wird. In der katholischen Kirche folgt die Auslegung unmittelbar auf die Verlesung des Evangeliums, wobei sich die ebenfalls sinnvolle Abfolge ergibt: Schrift – Unterweisung – Bekenntnis. Luthers 1523 geäußerter Vorschlag, die Predigt als »rufende Stimme« an den Gottesdienstanfang zu stellen, ist nur in einigen Ordnungen des 16. Jahrhunderts aufgegriffen worden.

§ 21 Das Dankopfer (Offertorium)

Die alte Kirche spendete Naturalgaben, sowohl Brot und Wein für die Abendmahlsfeier als auch Gaben für die Armen der Gemeinde. Im Verlaufe der Liturgiegeschichte ist aus dem Dankopfer ein Opfer (ein verdienstliches

Werk) geworden. Dagegen richtet sich Luthers Kritik, der das Offertorium wegen seiner »abergläubischen Texte« aus der Messe entfernt. Doch haben schon Agenden der Reformationszeit das Liebesopfer als unaufgebbaren Bestandteil des Gottesdienstes wieder aufgenommen. Die neue lutherische Agende will durch die Einbeziehung des Dankopfers in den Gottesdienst deutlich machen, daß das gottesdienstliche Dankopfer die eigentliche materielle Grundlage für die äußere Existenz der Kirche und ihre Arbeit ist.

Die Abendmahlsfeiern der Urgemeinde waren Mahlzeiten, bei denen die begüterten Gemeindeglieder so viel zu essen stifteten, daß auch die minderbemittelten keinen Mangel hatten. Das Wort des Weltenrichters »Was ihr getan habt einem unter diesen meinen geringsten Brüdern, das habt ihr mir getan« hat schon in der apostolischen und nachapostolischen Zeit zu einer reichen Liebestätigkeit der Gemeinden geführt. Mit der Ablösung der Naturalwirtschaft durch die Geldwirtschaft ist das gottesdienstliche Geldopfer im wesentlichen an die Stelle des früheren Naturalopfers getreten.

Die Liebestätigkeit der christlichen Gemeinde ist keine Winkelangelegenheit. Sie hat ihren Platz im Gottesdienst. Deshalb haben die lutherischen Agenden der Gegenwart das Offertorium im frühchristlichen Sinne wieder in den evangelischen Gottesdienst aufgenommen.

Es gab und gibt christliche Sekten, die den alttestamentlichen Zehnten (der zehnte Teil aller Einkünfte gehört Gott! vgl. 3. Mose 27,30; Luk. 18,12) auch als für den Christen verbindlich ansehen. Die Kirche hat sich nie zu einer gesetzlichen Forderung des Zehnten verstehen können. Doch ist die heutige Kirchensteuererhebung eine analoge Einrichtung. Die Beträge des gottesdienstlichen Dankopfers sind in der Gegenwart von Jahr zu Jahr gestiegen. Trotzdem müßte in diesem Punkte im Bewußtsein unserer Gemeinden noch manches anders werden.

§ 22 Das allgemeine Kirchengebet

Im Anschluß an altkirchliche Gottesdienstordnungen kennt die evangelische Kirche in jedem Gottesdienst das allgemeine Fürbittengebet. Es umfaßt im wesentlichen drei Gruppen: 1. Die Kirche und ihre Diener, 2. die Welt und die Obrigkeit und 3. Nöte und Notleidende aller Art.

Beim Kyrie eleison (§ 14) wurde ausgeführt, daß es sich dabei um eine verkümmerte Form des großen Fürbittengebetes in der Gestalt der Ektenie handelt. Die Ostkirche hat dagegen nach dem Muster altkirchlicher Liturgien stets das ausführliche Fürbittengebet beibehalten. Bis zur Neugestaltung der römischen

Messe durch das Vaticanum II kannte die katholische Kirche ein besonderes Fürbittengebet nur noch in der Karfreitagsliturgie, die auch sonst von der üblichen Meßordnung abweicht. Durch das ganze Neue Testament zieht sich aber die Aufforderung zur Fürbitte. Deshalb kann die christliche Kirche auf einen Fürbittenteil in ihrem Gottesdienst nicht verzichten. Dies ist die einzige Stelle im Gottesdienst, wo die konkreten Anliegen und Nöte der Gemeinde und ihrer Glieder vor Gott ausgebreitet werden können. Die evangelische Kirche hat daher in ihre Gottesdienstordnungen das allgemeine Kirchengebet mit seinen umfassenden Fürbitten aufgenommen. Sie hat dies aber nicht wieder mit dem Kyrie im Gottesdiensteingang verbunden, sondern hat es vor die Abendmahlsliturgie gestellt, wofür sich liturgiegeschichtliche Vorbilder aufzeigen lassen (z. B. die Ordnung der Klementinischen Liturgie, vgl. § 4).

Das allgemeine Kirchengebet kommt in folgenden drei Formen vor:

a) *Prosphonese:* Der Liturg betet das Fürbittengebet; die Gemeinde eignet es sich durch ihr Amen an.

b) *Ektenie:* Der Liturg nennt die Gebetsanliegen und fordert die Gemeinde auf, dafür zum Herrn zu beten (»Lasset uns zum Herren beten«). Die Gemeinde tut dies mit dem Ruf »Kyrie eleison« bzw. »Herr, erbarme dich«. Mit einer kurzen Zusammenfassung der Gebetsanliegen (»Nimm dich unser gnädig an; rette und erhalte uns ... «) wird die Ektenie beschlossen.

c) *Diakonisches Gebet:* Der Diakon nennt die einzelnen Anliegen (gruppenweise zusammengefaßt) und fordert zur Fürbitte auf. Darauf spricht der Liturg am Altar die Fürbitte für die genannten Gebetsanliegen. Die Gemeinde nimmt diese Kurzgebete durch ihr Amen auf.

§ 23 Die Abendmahlsliturgie

Bei der Gestaltung der Abendmahlsliturgie hat sich die evangelische Kirche von Anfang an in einer gewissen Verlegenheit befunden. Der Canon Missae mit seinem ausgeprägten unevangelischen Opferbegriff konnte von Luther nicht übernommen werden. Es ist ihm aber im Sakramentsteil des Gottesdienstes nicht gelungen, der römischen Messe eine gültige Neuordnung gegenüberzustellen. Selbst die sonst einheitliche lutherische Agende bietet für die Abendmahlsliturgie zwei Vorschläge, zwischen denen die einzelnen Landeskirchen zu wählen hatten.

Die lutherische Ordnung in ihrer Doppelgestalt sei hier mitgeteilt:

A B

a) Salutatio (Gruß)
b) Sursum corda (»Erhebet eure Herzen«)
c) Präfation (»Wahrhaft würdig und recht«)
d) Sanctus (Heilig)

A	B
e) Vaterunser	e) Postsanctus und Epiklese
f) Einsetzungsworte	f) Einsetzungsworte
	g) Anamnese
g) Kommunion (Austeilung)	h) Vaterunser
	i) Friedensgruß
h) währenddessen: Spendelieder (beginnend mit dem Agnus Dei)	k) Kommunion (Austeilung)
	l) Spendelieder (beginnend mit dem Agnus Dei)
i) Postcommunio (Schlußkollekte) mit vorangestelltem Gruß und Versikel	m) Postcommunio (Schlußkollekte) mit vorangestelltem Gruß und Versikel

Das *Sursum corda* (»Erhebet eure Herzen«) ist die eigentliche Abendmahlsermahnung. In der Antwort der Gemeinde (»Wir erheben sie zum Herren«) kommt zum Ausdruck, daß die rechte Abendmahlsbereitung in der Ausrichtung unseres ganzen Wesens auf den Herrn hin besteht. Nicht eine Aufforderung zur Selbstprüfung, zur Beichte enthält dieser Teil der Abendmahlsliturgie, sondern den fröhlichen Ruf, sich dem im Abendmahl kommenden Herrn zu überlassen.
Luther hat mit dem Canon Missae auch die vorangehenden Versikelpaare und das Sanctus gestrichen. An deren Stelle setzt er eine Abendmahlsermahnung, die auf den gleichen Ton gestimmt ist wie das Sursum corda und das Präfationsgebet. Ausdrücklich sagt er, diese Abendmahlsermahnung solle keine Beichte sein. Die Beichte ist eine eigene gottesdienstliche Handlung. Die heute noch weitverbreitete Ansicht, die Beichte sei die Rüsthandlung zum Abendmahl (noch krasser: das Abendmahl diene der Bestätigung, der Besiegelung der mit der Beichte verbundenen Absolution), ist höchst fragwürdig. Der ursprüngliche Charakter des Abendmahls als einer Eucharistia (Danksagung) und einer Communio (Mahlgemeinschaft) mit eschatologischem Aspekt (das Abendmahl als Hinweis und Vorwegnahme der ewigen Gemeinschaft mit Christus) ist nicht zuletzt durch die vorangestellte Beichte weithin verlorengegangen. Bei einem Vergleich der altkirchlichen und reformatorischen Abendmahlslieder mit denen des 18./19. Jahrhunderts wird man den gleichen Wandel im Abendmahlsverständnis feststellen müssen. – Die neuen Agenden kennen die Verquickung von Beichte und Abendmahl nicht mehr. Durch Fußnoten bzw. Ausführungsbestimmungen wird jedoch die Möglichkeit dieser Verbindung z. T. wieder eingeräumt, um einen zu plötzlichen Übergang von dem bisherigen fest eingebürgerten Brauch zu vermeiden.
Die *Präfation*, der erste Teil des eucharistischen Hochgebetes, macht mit ihren Worten »Wahrhaft würdig und recht, billig und heilsam ist es, daß wir dir ... allezeit und allenthalben Dank sagen durch Christus unsern Herren ...« so

recht deutlich, worum es in der christlichen Abendmahlsfeier geht: Im Blick auf das durch Christus gewirkte Heil (das die Sündenvergebung einschließt) beginnt die christliche Gemeinde, mit allen irdischen und überirdischen Mächten Gott »mit einhelligem Jubel zu preisen« und »anbetend ohn' Ende lobzusingen«, indem sie in das Sanctus einstimmt.

Die Präfation gehört zu dem ältesten liturgischen Gut der christlichen Kirche. Ihre längste Form hat sie in der Klementinischen Liturgie (§ 4) erhalten. Dort wird die gesamte Heilsgeschichte von der Erschaffung der Welt an in einem Preisgebet besungen. Dieses Gebet hat in heutigen Ausgaben eine Länge von mehreren Druckseiten (etwa die Länge einer Predigt!). In den Kirchen des Westens hat man die Präfation bald de tempore gestaltet: Nach einer gleichbleibenden Einleitung (bis: »... Dank sagen durch Christus unsern Herren«) nimmt sie im Lobpreis auf das Kirchenjahr Bezug und leitet dann mit einem nahezu gleichbleibenden Schluß zum Sanctus über.

Das *Sanctus* (auch: Tersanctus = Dreimalheilig) besteht aus einer Verbindung des Heilig aus Jes. 6, 3 mit dem Hosianna beim Einzug Jesu in Jerusalem (Matth. 21,9). Schon in der alten Kirche hat man die Worte »Gelobt sei, der da kommt im Namen des Herrn« in der Abendmahlsliturgie auf das sakramentale Kommen Christi in Brot und Wein gedeutet.

Luther hat das Sanctus wie die anderen Stücke des Ordinariums in Liedform der Gemeinde übertragen wollen mit dem Lied »Jesaja dem Propheten das geschah«. Beim Sanctus hat sich aber doch der liturgische Text gegenüber der Umdichtung behauptet. Doch sei auf die Möglichkeit, Luthers Lied bei der Abendmahlsausteilung zu singen, hingewiesen.

Das *Gebet des Herrn* ist das rechte Tischgebet der christlichen Gemeinde vor dem Empfang des heiligen Abendmahls. Schon die Kirchenväter haben die vierte Bitte auf das Abendmahl bezogen. Die Stellung unmittelbar vor der Austeilung (Form B) erscheint von daher sinnvoller als die Stellung vor den Einsetzungsworten (Form A). Doch lassen sich auch für diese Anordnung Gründe und gewichtige geschichtliche Vorbilder geltend machen.

Die *Einsetzungsworte* wurden schon in sehr früher Zeit in das eucharistische Hochgebet eingebettet (vgl. die klassische Struktur bei Hippolyt, § 3). In der evangelischen Kirche sind die Einsetzungsworte nach den bisherigen Agenden in formaler Hinsicht eine Evangeliumslesung. Es wäre zu wünschen gewesen, daß recht viele Gliedkirchen der lutherischen Kirche die Form B des Abendmahlsteils der neuen Agende angenommen hätten, in der die Einsetzungsworte wieder Bestandteil des Hochgebetes sind. Freilich läßt sich die Einfügung der Einsetzungsworte in das Hochgebet im Deutschen nicht in der gleichen sprachlichen Eleganz vollziehen wie in der lateinischen Messe. Aber diese sprachlichen Argumente sind zweitrangig.

Luther hatte die Kreuzeszeichen über Brot und Wein bei den Einsetzungsworten abgelehnt, weil er dahinter das falsche katholische Priesterverständnis sah (der geweihte Priester vollzieht kraft seiner besonderen Vollmacht die Verwandlung der Elemente); aber doch hat sich dieser Brauch in der lutherischen Kirche erhalten bzw. wieder eingebürgert. Es möge dahingestellt bleiben, ob man nicht besser getan hätte, wenn man Luthers Vorschlag beherzigt hätte. (Die Kreuzeszeichen stehen in der römischen Messe übrigens nicht bei den Wandlungsworten »Dies ist mein Leib«, »Dies ist mein Blut«, sondern bei den der Wandlung vorausgehenden Worten der Danksagung.)
Die *Epiklese* ist in den altkirchlichen Liturgien das eigentliche Konsekrationsgebet in der Abendmahlsliturgie. Luther kannte sie nicht mehr, da die römische Messe die Epiklese aufgegeben hatte. (Die Gründe dafür hängen wiederum mit dem Priesterverständnis zusammen.) Es ist anzunehmen, daß er sonst gern dieses Gebet wieder aufgenommen hätte. In der Nachfolge Luthers fehlt dann leider auch in den meisten lutherischen Abendmahlsliturgien bis in die Gegenwart hinein die Epiklese – eine im Vergleich mit den altkirchlichen Abendmahlsliturgien schmerzliche Verarmung. Der Text der Epiklese nach der neuen lutherischen Agende lautet: »... bitten wir dich, Herr: sende herab auf uns den Heiligen Geist, heilige und erneuere uns nach Leib und Seele und gib, daß wir unter diesem Brot und Wein deines Sohnes wahren Leib und Blut im rechten Glauben zu unserm Heil empfangen« (fast gleichlautend auch in der Agende der Union).
Auch die *Anamnese* fehlt nach dem Vorbild von Luthers Deutscher Messe in der Mehrzahl der lutherischen Liturgien. Die Anamnese knüpft an den Schluß der Einsetzungsworte (»Solches tut ... zu meinem Gedächtnis«) an. Sie gedenkt des Leidens, Sterbens und der Auferstehung Christi und ihrer heilbringenden Kraft und lenkt die Gedanken noch einmal nachdrücklich auf den eschatologischen Aspekt des Abendmahls. Es ist zu bedauern, daß nur wenige Gemeinden bzw. Landeskirchen die in der neuen Agende angebotene Anamnese angenommen haben.
Nachdem zunächst auch in dem zur Erprobung freigegebenen Agendenentwurf der EKU zwei Formen für die Abendmahlsliturgie angeboten wurden, hat man der endgültigen Fassung doch eine einheitliche Gestalt geben können. Lediglich Anamnese und Epiklese (im Anschluß an die Einsetzungsworte) sind fakultativ.
Das Sakrament des Altars wird dem Kommunikanten mit der *Spendeformel* ausgeteilt. Weithin hat sich leider der Mißbrauch eingeschlichen (in keiner Agende vorgesehen!), die Kommunikanten noch mit einem speziellen Bibelwort zu entlassen. »Im Augenblick der Sakramentsspendung, wo das fleischgewordene Wort Gottes dem Kommunikanten in seiner ganzen Fülle gegeben wird, besteht kein Anlaß, durch ein spezielles Bibelwort die vollgültige Gabe des Sakramentes zu überhöhen oder zu ergänzen und damit die Sinne des Kommunikanten von

dem Eigentlichen des Augenblicks abzulenken. Solches Wort zeigt entweder ein mangelndes Ernstnehmen der sakramentalen Gabe oder aber einen nicht erlaubten Gebrauch biblischer Sprüche zur ‚feierlichen Ausgestaltung'« (Mahrenholz).

Die evangelische Kirche teilt das Abendmahl unter beiderlei Gestalt (sub utraque) aus. Im Gegensatz zur katholischen Kirche geht sie damit wieder auf die ursprüngliche Praxis zurück.

Der *Friedensgruß*, der nach Form B unmittelbar vor der Austeilung gewechselt wird, war in der alten Kirche die Einleitung des Bruderkusses. Dieser Bruderkuß war der Ausdruck dafür, daß die Gemeinde, die vom Herrn in seine Mahlgemeinschaft hineingenommen wird, auch untereinander in echter brüderlicher Liebe lebt. Der Friedensgruß will auch heute noch als Aufruf zur Bruderliebe gehört werden.

Unter den Liedern zur *Kommunion* steht das Agnus Dei (Christe, du Lamm Gottes) an der Spitze. In den lutherischen Agenden ist es als erstes Lied während der Ausspendung vorgesehen; in den unierten Gemeinden wird es vor ihrem Beginn gesungen. Das Agnus Dei ist von Hause aus ein Chorgesang während der Zeremonie des Brotbrechens. Es wurde zunächst beliebig oft gesungen, und zwar mit dem gleichbleibenden Schluß miserere nobis (erbarme dich unser). Seit dem 12. Jahrhundert wurde das dreimalige Agnus Dei feststehender Brauch; und schon ein Jahrhundert vorher war es üblich geworden, das letzte Agnus mit dem dona nobis pacem (gib uns Frieden) zu beschließen.

In der evangelischen Kirche hat sich Luthers Verdeutschung des Agnus Dei als Gemeindestück durchgesetzt. Die Liedfassung von Nikolaus Decius (»O Lamm Gottes, unschuldig am Stamm des Kreuzes geschlachtet«) hat sich nicht als liturgischer Gesang, sondern als Passionslied eingebürgert.

Nach dem Agnus Dei werden weitere Gemeindelieder gesungen. Auch der Chor, die Orgel und andere Instrumente haben hier eine besonders wichtige und umfassende Aufgabe bei der Ausgestaltung der musica sacramenti. Die Wahl der Gemeindelieder und der Chorgesänge sowie der Instrumentalmusik ist von großer Wichtigkeit für die Bildung des Abendmahlsverständnisses unserer Gemeinden. Das Evangelische Kirchengesangbuch bringt eine Reihe bisher wenig beachteter Abendmahlslieder, die es wert sind, wirklich in unseren Gemeinden heimisch zu werden.

Die *Postcommunio* wird durch den abermaligen Wechselgruß eingeleitet. Dabei wird wiederum deutlich, daß der Gruß keine »Begrüßung« ist, sondern ein Segenswunsch, der zu erkennen gibt, daß Liturg und Gemeinde gemeinsam vor Gott stehen.

Der *Versikel* (versiculum = Verslein) ist eine Eigentümlichkeit der lutherischen Kirche. In ihm wird in kürzester, prägnantester Form das nun folgende Dankgebet (in der Form des Kollektengebetes) eingeleitet.

§ 24 Der Beschluß des Gottesdienstes

Nach dem Abendmahlsteil geht der Gottesdienst mit der Entlassungsformel und dem Segen zu Ende. Die evangelische Kirche gebraucht nach Luthers Vorbild den Aaronitischen Segen (im Unterschied zum trinitarischen Segen der römischen Messe). Ein Schlußvers der Gemeinde kann folgen. – Das Orgelnachspiel wird leider oft genug zur Geräuschkulisse degradiert; es möchte erreicht werden, daß die Gemeindeglieder hier zu einem neuen Verständnis geführt werden.

Der *Aaronitische Segen* (nach dem Mosebruder Aaron genannt, auf den er zurückgeführt wird) steht 4. Mose 6,24–26. Der Segen ist mehr als ein frommer Wunsch des Liturgen, steht aber nicht einer sakramentalen Gabe gleich. Er ist Fürbitte des Liturgen für die Gemeinde. Es ist erstaunlich, daß sich der Schlußsegen erst im 12. Jahrhundert durchsetzte. Seit dieser Zeit ist er Allgemeingut aller abendländischen christlichen Kirchen. Der Liturg erhebt beim Segen die Hände. Dies ist nicht die alte Gebetsgeste (mit den nach oben geöffneten Händen), sondern die Geste der Handauflegung. Es ist zu fragen, ob Luthers Anregung, den Gottesdienst mit dem Aaronitischen Segen zu schließen, die einhellige Nachfolge in der evangelischen Kirche verdient. Der trinitarische Segen, wie ihn die römische Messe hat, erscheint als Schluß des christlichen Gottesdienstes angebrachter.

In jüngster Zeit hat sich geradezu ein Dogma in der evangelischen Kirche verbreitet, der Segen müsse das letzte im Gottesdienst sein. Das *Gemeindelied am Ende des Gottesdienstes* wird daher vielfach fortgelassen. Wer diese Meinung vertritt, müßte dann konsequenterweise auch das Orgelnachspiel streichen (das dann als gottesdienstliches Stück ebenfalls nicht mehr nach dem Segen stehen darf!). Man möge nicht übersehen, daß die Gemeinde im Gottesdienst nicht nur am Schluß gesegnet wird. Auch die Salutatio ist ein Segensvotum. Nach dem Kanzelsegen geht der Gottesdienst mit Gemeindelied und Abkündigungen weiter. Auch der Kanzelgruß ist eine Segensformel: »Gnade sei mit euch ...« (Es ist aber noch niemand auf den Gedanken gekommen, den Wegfall der Predigt zu fordern, weil nach dem Segensvotum des Kanzelgrußes nichts mehr kommen dürfe!). Auch die verhältnismäßig späte Aufnahme des Schlußsegens in den Gottesdienst möge zur Vorsicht gegenüber seiner Überbewertung mahnen. Man beachte auch, daß in der römischen Messe auf den Segen noch die eigentliche Entlassung folgt. Freilich: Genauso stark wie vor einer Überbewertung muß vor einer Unterbewertung gewarnt werden.

Es ist ein guter Brauch, daß die evangelische Gemeinde am Schluß des Gottes-

dienstes noch einmal gemeinsam handelt (Schlußlied) und so in dem Bewußtsein ihrer Gemeinsamkeit und Verbundenheit auseinandergeht.
Das *Orgelnachspiel* ist der »abschließende Lobpreis« (K. B. Ritter), vom Organisten im Namen und Auftrag der Gemeinde Gott dargebracht. Andere möchten das Nachspiel als »Prozessionsmusik« ansprechen. Das Nachspiel hat jedoch seine Entsprechung im Orgelvorspiel, das entschieden keine Prozessionsmusik ist. (Wer erst während des Vorspiels zur Kirche kommt, kommt zu spät in den Gottesdienst!) Die Praxis beweist überdies, daß die Gemeinde nur zur ungeniert lauten Unterhaltung angeregt wird, wenn sie unter Orgelspiel das Gotteshaus verläßt. Dagegen geht sie viel gesammelter aus der Kirche heraus, wenn sie dies in Stille tut, nachdem sie zuvor das Orgelnachspiel noch sitzend angehört hat. Der Organist muß dann freilich die Dauer des Nachspiels in engen Grenzen halten.

§ 25 Die Weiterarbeit an der Agende in unserer Generation

Sehr bald nach der Einführung von Agende I wurde ein Unbehagen an der vermeintlich zu starren und zu sehr der Tradition verhafteten Ordnung des Gottesdienstes deutlich. Teilweise kam es zu einer bewußt traditionsfernen gottesdienstlichen Experimentierlust. Das berechtigte Anliegen einer lebendigen Gottesdienstgestaltung wurde von den liturgischen Gremien aufgegriffen. Zur Zeit werden die Vorarbeiten für eine »erneuerte Agende« geleistet, das heißt für ein Gottesdienstbuch, das die bisherige Grundstruktur beibehält, aber durch eine größere Zahl von Varianten eine sterile Gottesdienstgestaltung vermeidet.

Agenden haben keinen Ewigkeitswert. Wenn christliche Gemeinden lebendig sind, ergibt sich in der Regel nach ein bis zwei Generationen aus mancherlei Ursachen der Bedarf nach einer Revision.
Die Agendenarbeit des Nachkriegsjahrzehnts war deutlich von den Erfahrungen geprägt, die sich in den Jahren des Kirchenkampfes in der Auseinandersetzung mit dem NS-Staat ergeben hatten. Eine eindeutige Bindung an die Schrift, ein klares Ja zum Bekenntnis der Väter und eine feststehende einheitliche Ordnung des Gottesdienstes sollten ein Gefühl von Sicherheit in einer an Verunsicherungen reichen Zeit geben.
Doch bald schon folgten die stürmischen 60er Jahre, in denen vor allem in der kirchlichen Jugend eine stark kritische Haltung gegenüber allen überkommenen geistlichen Werten und Ordnungen zu beobachten war. Die Freude, alles ganz anders zu machen, war auch auf dem Gebiete des Gottesdienstes unverkennbarer

Motor für viele Versuche von »Gottesdiensten in neuer Gestalt«. Nicht die Einheit, sondern die Vielfalt wurde angestrebt.
»Wie aber erhalten wir die Einheit? Gottesdienst ist die Feier des einen Gottesvolkes. Die Polarisierung birgt die Gefahr in sich, daß wir diese Einheit nicht mehr eindeutig zum Ausdruck bringen können, wenn sich um verschiedene Formen verschiedene Gruppen versammeln« (Vilmos Vajta).
Inzwischen ist als Ergebnis des Gärungsprozesses soviel zu erkennen: Eine gesetzlich verstandene Gottesdienstordnung widerspricht dem evangelischen Kirchen- und Liturgieverständnis. Andererseits gehört die Kontinuität (die Ursprungsbindung) zu den Voraussetzungen, ohne die eine Gemeinde sich im Gottesdienst auf die Dauer nicht heimisch fühlen kann. Die Wiedererkennbarkeit und die Wiederholbarkeit sind unaufgebbare Forderungen an die Gestaltung des Gottesdienstes.
Die Vereinigte Evangelisch-Lutherische Kirche und die Evangelische Kirche der Union hatten nach Einführung der Agende gemeinsam eine revidierte Leseordnung sowie eine Neuordnung der Predigttexte (sechs Reihen) verabschiedet. An Auswahl, Abgrenzung und Textgestalt der altkirchlichen Leseordnung hatte man Änderungen vorgenommen. So wurden einige Dubletten beseitigt und statt dessen besonders wichtige Texte aufgenommen, die im bisherigen Lektionar fehlten. Die Texte wurden auf ihre »Lektionabilität« und »Prädikabilität« überprüft: Nicht jeder Text, über den man sehr wohl predigen kann (Prädikabilität), ist auch für eine unkommentierte Verlesung im Gottesdienst geeignet (Lektionabilität). In mehreren Fällen wurde die Abgrenzung der Perikopen geändert, sofern sie in der alten Leseordnung nicht glücklich vorgenommen worden war. Evangelien- und Epistelreihe wurden möglichst so zugeordnet, daß eine Beziehung beider aufeinander erkennbar wurde (»Konsonanz«). Eine alttestamentliche Reihe wurde gänzlich neu erarbeitet. Zwar rechnet man in absehbarer Zeit nicht mit einer dreifachen gottesdienstlichen Schriftlesung nach dem Vorbild der römischen Kirche; man möchte jedoch die alttestamentlichen Texte vor allem für die Jahre als erste Lesung anbieten, in denen über die Epistel gepredigt wird (die dann von der Kanzel zu verlesen ist). Auch sonst kann an Stelle der Epistel ein Text der alttestamentlichen Reihe verlesen werden.
Als Folge der veränderten Lesetexte mußten ebenfalls Änderungen an der Gradualliedreihe vorgenommen werden, weil hierbei die thematische Zuordnung von Anfang an wesentlich war. Zudem hatte sich ein Teil der Wochenlieder textlich oder melodisch nicht bewährt. Für rund die Hälfte aller Sonn- und Feiertage wurde ein Doppelvorschlag (» ... oder ... «) unterbreitet. Die beiden vorgeschlagenen Lieder sind dann als gleichrangig anzusehen. Auch bei der Wochenliedreihe hat sich also das Prinzip einer größeren Variabilität durchgesetzt.

Die Kollektengebete wurden ebenfalls von der Veränderung des Lektionars berührt. Die Lutherische Liturgische Konferenz hatte jedoch schon unabhängig von diesen inhaltlich bedingten Änderungen eine sprachliche Überarbeitung der alten Kollektengebete vorgenommen und eine neue Reihe als Ergänzung hierzu angeboten. Auch die alten Introiten, die in der Trinitatiszeit einfach als Eklogadie zusammengestellt worden waren (und auch sonst an einer Reihe von Sonntagen inhaltlich nicht befriedigten), wurden – vorerst in einigen Fällen – durch neue ersetzt. Das gleiche gilt für die Hallelujaverse.

Überkonfessionell wurde ein Ergebnis erzielt, dessen praktische Auswirkungen die Gemeindeglieder im allgemeinen als einschneidender empfunden haben als die Änderungen an Lesungen, Gebeten und Liedern: Eine ökumenische Textfassung von Vaterunser und Apostolicum wurde von der Arbeitsgemeinschaft für liturgische Texte der Kirchen des deutschen Sprachgebietes erarbeitet, von den einzelnen Kirchen angenommen und in den Gemeinden eingeführt. Auch für das Nicänum und die übrigen Ordinariumsstücke liegt inzwischen ein überkonfessioneller deutscher Text vor. Während der neue Nicänumstext von den meisten gliedkirchlichen Synoden für den gottesdienstlichen Gebrauch eingeführt wurde, tut man sich auf evangelischer Seite mit den ökumenischen Gloria-, Sanctus- und Agnus-Dei-Fassungen schwer, weil diese Texte nicht auf die herkömmlichen eingeführten Melodien gesungen werden können, von denen man nicht ohne gewichtigere Gründe abgehen möchte. Die katholische Kirche hatte es insofern leichter, als es in ihrer Praxis ein Gemeindeordinarium in der Muttersprache noch nicht gegeben hatte. Erfahrungsgemäß ist es einfacher, etwas Neues einzuführen, als etwas Vertrautes abzuändern.

Da sich seit der Einführung von Agende I eine Reihe von Gestaltungsfragen neu ergeben hatten (z. B. Familiengottesdienste, Jugendgottesdienste, Gottesdienste in Kleinstgemeinden, Tischabendmahlsfeiern), soll auf Grund eines Beschlusses der lutherischen und unierten Synoden aus dem Jahre 1980 die inzwischen vergriffene Agende von 1954 bzw. 1959 nicht einfach nachgedruckt, sondern eine »erneuerte« Agende geschaffen werden. (Ganz bewußt wird nicht von einer »neuen«, sondern von einer »erneuerten«, d. h. überarbeiteten Agende gesprochen.) Dabei wird das Ziel verfolgt, für die lutherischen und die unierten Gemeinden eine Einheitsagende zu erarbeiten. Die kaum ins Gewicht fallenden Unterschiede zwischen beiden rechtfertigen nicht länger ein agendarisches Schisma! Der Grundgedanke lautet: Für alle lutherischen und unierten Landeskirchen soll eine einheitliche Grundstruktur gelten; die Agende muß jedoch eine hinreichend große Zahl von Varianten anbieten, teils zur Wahrung besonderer gliedkirchlicher Traditionen, teils zur Verlebendigung einer sonst leicht starr wirkenden Ordnung (»Ausformungsvarianten einer Grundstruktur«).

Es kann nicht Aufgabe der vorliegenden »Einführung« sein, die im Gespräch befindlichen Detailfragen nach ihrem Für und Wider zu erörtern. Es mußte aber auf jeden Fall der Eindruck vermieden werden, als sei auf die Zeit einer intensiven Beschäftigung mit liturgischen Fragen bis zur Einführung von Agende I nun eine Zeit tödlicher agendarischer Versteinerung gefolgt.

5 2486

D. Zeit und Raum des evangelischen Gottesdienstes

I. Die gottesdienstliche Zeit

§ 26 Das Kirchenjahr

Die Urchristenheit lebte in unmittelbarer Erwartung der Wiederkunft Christi und des Weltendes; sie rechnete daher nicht nach Jahren. Die Ausbildung des Kirchenjahres beginnt erst im 2. Jahrhundert mit der Festlegung des Ostertermins. Nächst dem Osterfest mit den vorgeschalteten Fastenwochen und der folgenden Freudenzeit knüpft die kultische Gestaltung des Jahres an das Weihnachtsgeschehen an. Für die weitere Ausgestaltung sind dann geschichtliche Daten und der Heiligenkalender von großer Bedeutung gewesen. – Das Kirchenjahr ist das Christusjahr: Es beginnt mit der Vorbereitung auf die Geburt Christi und endet mit dem Sonntag vom Jüngsten Gericht. Das Wort »Kirchenjahr« ist erstmalig 1589 nachweisbar; der Gedanke des Kirchenjahres ist jedoch spätestens mit dem Ausbau der Perikopenordnung (also rund tausend Jahre früher) gegeben.

Im *Kalendarium des Kirchenjahres* durchdringen sich Daten, die vom Sonnenjahr her bestimmt sind, und Daten, die vom Mondjahr abhängen. Das Osterfest wird am ersten Sonntag nach Frühlingsvollmond begangen. Von ihm ist abhängig die Festlegung des Himmelfahrtstages, des Pfingstfestes mit der nachfolgenden Trinitatiszeit (je früher Ostern liegt, desto mehr Trinitatissonntage enthält das Kirchenjahr), der Beginn der Fastenzeit und die Zahl der Sonntage nach Epiphanias. Das Weihnachtsfest ist dagegen datumsmäßig festgelegt, ist also vom Sonnenjahr abhängig. Das gleiche gilt für die von Weihnachten abhängigen Daten: Mariä Verkündigung (25. 3.), Mariä Reinigung (2. 2. = Mariä Lichtmeß), Beschneidung Jesu (1. 1.), dem Johannistag (24. 6.) und dem Epiphaniasfest (6. 1.). Ebenso sind alle Apostel- und Märtyrergedenktage, der Michaelistag und das Reformationsfest Feiertage, die ein gleichbleibendes Datum, aber wechselnde Wochentage haben.

Den ständigen Wechsel gerade des Oster- und Pfingsttermins hat man schon lange als lästig empfunden. Auch Luther hätte es gern gesehen, wenn man Ostern an einem festen Tag gefeiert hätte; er konnte jedoch keinen Vorschlag für die Verwirklichung dieses Gedankens machen.

Eine von der UNO angeregte Kalenderreform wird von dem Grundgedanken bestimmt, vier gleichlange Quartale zu schaffen (zwei Monate mit 30 Tagen, einer mit 31). Um für alle Jahre ein einheitliches Kalendarium zu erreichen (in jedem Jahr soll das gleiche Datum auf den gleichen Wochentag fallen), muß eine Woche im Jahr einen zusätzlichen achten Tag erhalten, den sogenannten Welttag (in Schaltjahren zwei Welttage). Da von vielen Religionsgemeinschaften erklärt wurde, daß man aus religiösen Gründen eine Durchbrechung der biblischen 7-Tage-Woche nicht mitmachen könne, hätte man statt einer Kalendervereinfachung ein heilloses Durcheinander erreicht. Vorerst ist es um diese Kalenderreform still geworden.
Das älteste kirchlich begangene Fest ist das Osterfest, dessen Anfänge in das 2. Jahrhundert zurückgehen. Unter den christlichen Hauptfesten ist das Weihnachtsfest das jüngste. Dies hängt damit zusammen, daß man Geburtsfeiern für etwas Heidnisches hielt. Origenes, der bedeutendste Theologe in der ersten Hälfte des 3. Jahrhunderts, weist darauf hin, daß in der Bibel nur Geburtstage von Heiden gefeiert werden: Pharao (1. Mose 40,20) und Herodes (Matth. 14,6). Der Tag des Martyriums wurde als der eigentliche Geburtstag im christlichen Sinne hingestellt; daher heißen die Märtyrerakten meist natalia (Geburtsberichte). Immerhin ist das Weihnachtsfest bereits im 4. Jahrhundert regelmäßig gefeiert worden. Ägyptische Häretiker begingen schon im 2. Jahrhundert am 6. Januar das Gedächtnis der Taufe Jesu. Dieser Tag wurde von der Kirche des Orients als Geburtstag Jesu übernommen. Von Rom aus setzte sich dann allmählich ein anderes Datum durch: der 25. Dezember. Um die Begründung dieses Datums ist viel gerätselt worden. Die nächstliegende Erklärung ist immer noch die, daß damit ein heidnisches Sonnenwendfest abgelöst werden sollte.
In der katholischen Kirche kam es zu einer breiten Entfaltung des Heiligenkalenders. Luther kritisierte die Heiligenlegenden aufs schärfste; es sei »greulich viel Unflat« darin, der gefegt werden müsse. Nur die Feste, die eine biblische Begründung haben, ließ er gelten.
Die Kirche hat darauf zu achten, daß die kirchlichen Anliegen des Kirchenjahres nicht durch andere Thematik überfremdet werden. Beispielsweise hat man in Deutschland bis zum Jahre 1918 den Geburtstag des Landesherrn gottesdienstlich begangen.
Nach Luk. 2,21 wurde Jesus jüdischem Brauche gemäß acht Tage nach seiner Geburt beschnitten. Der 1. Januar ist daher der Tag, an dem die Kirche primär der Namensgebung Jesu gedenkt. Die gottesdienstliche Begehung von Silvester und Neujahr soll nicht verworfen werden, möge aber keinesfalls zu stark akzentuiert werden. Es ist bedauerlich, daß der Beginn des bürgerlichen Jahres in vielen Gemeinden mit einem Mitternachtsgottesdienst begangen wird, während man die Osternacht verschläft!

Die Einführung des Totenfestes zu Beginn des vorigen Jahrhunderts wirft viele Probleme auf. Vielfach artete dieser Sonntag in eine Totenverehrung aus. Dabei geriet das Proprium des letzten Sonntags im Kirchenjahr in Vergessenheit: die Botschaft vom wiederkommenden Christus, vom »lieben Jüngsten Tag« (Luther).
Gutzuheißen ist das Erntedankfest, bei dem ein Ereignis des Naturjahres einen Sonntag im Kirchenjahr prägt.
Folgende Einzelhinweise seien in aller Kürze gegeben:
Die Adventszeit hat leider in unseren Gemeinden viel von ihrem eigentlichen Gepräge verloren. Die Botschaft der Adventssonntage geht meist unter in dem Trubel der Weihnachtsvorbereitungen. Dabei verdienen gerade die Adventssonntage jeder für sich besondere Beachtung (erster Advent: Dein König kommt – zweiter Advent: Dein Richter kommt – dritter Advent: Bereitet dem Herrn den Weg – vierter Advent: Die Freude ist nahe). Die Adventszeit ist die Zeit der inneren Bereitung auf das Christfest, ist Bußzeit. Das Gloria in excelsis entfällt an diesen Sonntagen. Bis ins 18. Jahrhundert hinein fand an diesen Sonntagen keine »große« Kirchenmusik (z. B. Kantaten) statt. Eine Ausnahme bildete und bildet der erste Advent. Diese Ausnahmestellung des ersten Advents gehört zu den organisch gewachsenen Dingen des Kirchenjahres, für die wir allenfalls eine Begründung versuchen können, bei denen wir aber die Warum-Frage letztlich nicht zu beantworten vermögen.
Weihnachten ist das jüngste unter den kirchlichen Hauptfesten, wie wir schon sahen. Es hat in der Gegenwart eine Akzentuierung erhalten (die bestbesuchten Gottesdienste im Jahr sind die Christvespern!), die ihm in der alten Kirche nicht eigen war. In der frühchristlichen Zeit wußte man noch um die zentrale Bedeutung des Osterfestes, die es in der Ostkirche bis heute behalten hat. (Freilich ist es ein höchst fragwürdiges Unterfangen, die Bedeutung der christlichen Hauptfeste gegeneinander ausspielen zu wollen!) Die Tage nach Weihnachten erhielten schon in alter Zeit besonderes Gepräge: der 26. 12. als Tag des Erzmärtyrers Stephanus, der 27. 12. als Tag des Apostels und Evangelisten Johannes, der 28. 12. als Tag der Unschuldigen Kindlein, die noch vor Stephanus die ersten Blutzeugen für Christus wurden. – Der 2. Sonntag nach dem Christfest hat sich – zum Teil sogar in gedruckten kirchlichen Ordnungen – vielerorts als »Sonntag nach Neujahr« eingebürgert.
Als die Kirche von den Häretikern den 6. Januar als Geburtstag Jesu übernahm, hatten sich mit diesem Tag bereits andere Themen verbunden: die Weisen aus dem Morgenlande, die Hochzeit zu Kana, die Verklärung Jesu. Diese Perikopen blieben am 6. Januar haften, als der Weihnachtstag auf den 25. Dezember vorverlegt wurde. Sie sind heute auf die Sonntage der Epiphaniaszeit verteilt.
Nach altem kirchlichen Brauch fällt schon an den drei Sonntagen der Vorfasten-

zeit das Halleluja fort, obwohl die Passionszeit erst am Aschermittwoch beginnt. Auch für diesen Brauch können wir letztlich die Gründe nicht mehr angeben. Die Fastenzeit beginnt am Mittwoch vor Invokavit, dem Aschermittwoch. Dies ist bei Auslassung der Sonntage der vierzigste Tag vor Ostern. Die Beziehung auf das vierzigtägige Fasten Jesu (Matth. 4,2) ist deutlich. Da jeder Sonntag ein Osterfest im kleinen ist, gehören die Sonntage nicht zur Fastenzeit. Die Lesungen dieser Sonntage nehmen Bezug auf die Taufzurüstung der Katechumenen, die in der alten Kirche in der Osternacht getauft wurden. Die eigentliche Passionszeit beginnt am Sonntag Judika, dem Passionssonntag. Erst Judika und Palmarum haben Perikopen, die sich auf Jesu Passion beziehen. Der Palmsonntag leitet die Karwoche mit der Erzählung von Jesu Einzug in Jerusalem ein. Bedauerlicherweise hatte die evangelische Kirche aus sehr äußerlichen Gründen die Konfirmation auf den Palmsonntag gelegt (weil die Konfirmanden zum großen Teil gleichzeitig Schulabgänger waren, die in der Osterwoche ihre Lehrstelle antraten!). Durch diesen häuslichen und gemeindlichen Festtag wurde die »Stille Woche« leider sehr geräuschvoll eingeleitet. Fast alle Landeskirchen haben in jüngster Vergangenheit für die Konfirmation einen Sonntag in der österlichen Freudenzeit gewählt – eine sehr zu begrüßende Regelung!

Da die Lektionen der Sonntage in der Passionszeit auf die Passion keinen Bezug nehmen, ist es wichtig, daß die Gemeinde an den Wochentagen in den Passionsandachten die Leidensgeschichte hört. Wo dies nicht möglich ist, steht die Kirche vor der nicht von der Hand zu weisenden Frage, ob sie nicht an diesen Sonntagen von der Perikopenordnung abweichen müsse. Das neue Lektionar bietet Passionstexte an.

Die Auferstehung Jesu geschah vor Sonnenaufgang. Die Urkirche hielt daher (jedenfalls teilweise) ihre Gottesdienste bei Sonnenaufgang ab. Eine besondere Hervorhebung erfuhr dann die Osternacht, die mit der Osternachtfeier festlich begangen wurde. Die alte Kirche erwartete die Wiederkunft Christi in einer Osternacht. Während sonst alle Sonn- und Festtage im liturgischen Sinne mit der Vesper am Vortage beginnen (Weihnachten beginnt – in moderner Zeitangabe – am 24. 12. um 18 Uhr mit der Christvesper! Vgl. § 28), beginnt die christliche Osterfeier erst in der Osternacht mit der Oster-»Vigil«. Der Karsamstag ist dem Gedächtnis der Grabesruhe Christi gewidmet. Auch die katholische Kirche ist 1956 zu diesem altkirchlichen Brauch zurückgekehrt. Auf Ostern folgt die fünfzigtägige Freudenzeit des Kirchenjahres bis zur Pentekoste, dem Pfingstfest (Apg. 2,1). In diese Zeit fällt auch das Fest der Himmelfahrt Christi am 40. Tag nach Ostern (Apg. 1,3). Wie die anderen christlichen Hauptfeste zieht dieser Tag eine Oktav (achttägige Nachfeier) nach sich. Der Sonntag Exaudi ist daher eindeutig der Sonntag in der Himmelfahrtsoktav. Erst in neuerer Zeit hat man versucht, diesen Sonntag in Analogie zu den Vorbereitungszeiten auf Weihnachten und Ostern (Advents- und Fastenzeit) zu einem Vorbereitungssonntag auf Pfingsten mit Bußcharakter zu erklären. Diese Deutung ist inhaltlich und liturgiegeschichtlich nicht zu halten, ist auch in den neuen Agenden nicht zugrunde gelegt.

Nach dem Pfingstfest folgt das Trinitatisfest und die lange Reihe der Sonntage nach Trinitatis. Die Einteilung des Kirchenjahres in die festliche und festlose Hälfte ist sehr äußerlich und außerdem falsch: Der Johannistag, das Michaelisfest, der Erntedanktag und das Reformationsfest fallen in die sogenannte festlose Hälfte. Über die Gestaltung der Sonntage nach Pfingsten bzw. nach Trinitatis hat es in der evangelischen Kirche unserer Generation einen regen Meinungsaustausch gegeben. So schlug der Berneuchener Kreis eine Vierteilung vor: Sonntage nach Pfingsten, Sonntage nach Johannis, Sonntage nach Michaelis, Endzeit des Kirchenjahres. Trotz vieler guter Anregungen, die in diesem Vorschlag stecken, hat er sich nicht durchsetzen können, weil er zu stark konstruiert scheint. Es hat sich lediglich allgemein durchgesetzt, die Sonntage nach Trinitatis nicht einfach abzubrechen, wenn die Adventszeit beginnt, sondern auf alle Fälle in jedem Jahre die Proprien des 25. bis 27. Sonntags nach Trinitatis zu bringen, weil sie für unsere christliche Existenz zielweisend sind. Man spricht dabei vom Drittletzten, Vorletzten und Letzten Sonntag des Kirchenjahres. Ihre »Themen«: Tod – Gericht – Ewiges Leben.

Die Liturgischen Farben (Farben der Paramente) wechseln nach den Kirchenjahreszeiten. Wir verwenden die Farben *Weiß* (Farbe des Lichtes, daher die Farbe aller Christusfeste), *Rot* (Farbe des Feuers und des Blutes, daher die Farbe aller Feste der Kirche und der Märtyrer), *Grün* (Farbe der sprossenden Saat), *Violett* (Bußfarbe) und – seit dem 18. Jahrhundert – *Schwarz* (Trauerfarbe). Die Farben verteilen sich auf das Kirchenjahr wie folgt:

Weiß	Heiligabend bis Epiphanias
	Letzter Sonntag nach Epiphanias (Christusfest: Verklärung Jesu)
	Gründonnerstag
	Ostern bis Himmelfahrt / Exaudi
	Trinitatis
	Auch die Marientage sowie der Johannis- und Michaelistag erhalten in der evangelischen Kirche weiße Paramente (weil sie nur in bezug auf Christus begangen werden können)
Rot	Pfingsten
	Reformationsfest
	Kirchweih
	Aposteltage
Grün	1. bis vorletzter Sonntag nach Epiphanias
	Vorfastenzeit
	Sonntage nach Trinitatis
	Erntedankfest

Violett	Adventszeit
	Passionszeit
	Buß- und Bettage (nicht: Exaudi!)
Schwarz	Karfreitag und Karsamstag

Ein Fragezeichen muß angebracht werden bei der Wahl der Farbe für den Letzten Sonntag nach Epiphanias und den Letzten Sonntag nach Trinitatis. An beiden Tagen weichen die Perikopen der evangelischen Ordnung vom Missale Romanum ab. Beide sind nach dem evangelischen Perikopenbuch Christusfeste (Verklärung und Wiederkunft Christi). Nach alter Ordnung erhalten beide Sonntage die liturgische Farbe Grün. Die neue lutherische Agende hätte entweder bei dieser Ordnung bleiben oder aber beiden Tagen die weiße Farbe zuerkennen müssen. Sie schreibt aber für den Letzten Sonntag nach Epiphanias Weiß, für den Letzten Sonntag nach Trinitatis Grün vor.
Im Gottesdienst unterscheiden wir die gleichbleibenden Stücke (das *Ordinarium*) und die nach dem Kirchenjahr wechselnden Teile (das *Proprium*). Die Proprium-Stücke des Gottesdienstes sind: Introitus, Kollekte, Lektionen, Hallelujavers, Graduallied, Präfation, Versikel, Postcommunio (Schlußkollekte).

§ 27 Die gottesdienstliche Gestaltung der Woche

Schon die Urchristenheit beging statt des Sabbats den Sonntag als den wöchentlichen Feiertag der Auferstehung Christi. Auch andere Wochentage erhielten früh einen bestimmten Inhalt (insbesondere der Freitag als Erinnerungstag an den Tod Jesu).

Die Didache bezeugt uns, daß die Urchristenheit in bewußter Absetzung von den jüdischen Fasttagen (Montag und Donnerstag) den Mittwoch und den Freitag als Fasttage ansetzte. Daß man Jesu Todestag so beging, leuchtet ohne weiteres ein. Schwieriger ist es, für das Fasten am Mittwoch einen einleuchtenden Grund zu nennen. Die spätere Deutung bezeichnet den Mittwoch als Tag, an dem der Hohe Rat den Beschluß faßte, Jesus zu töten, und nennt dies als Begründung für die Ansetzung des Mittwochs als Fasttag. Ob nicht die Deutung näherliegt (und statthaft ist), es sei der Urchristenheit um die Abgrenzung gegenüber den jüdischen Fasttagen – Montag und Donnerstag – gegangen? Der Vergleich zum Feiertag des Islams liegt nahe: Weil der Sonnabend und Sonntag durch Juden und Christen bereits »besetzt« waren, wählte Mohammed den Freitag!
Der Sonnabend wird im 11. Jahrhundert der Tag der Marienverehrung (möglichst nahe vor dem Christustag, dem Sonntag), nachdem man ihn bis dahin als Tag des Gedächtnisses der Grabesruhe Jesu begangen hatte.

Der Protestantismus ist – zumindest im Blick auf die Gottesdienste – der Gefahr des Sonntagschristentums erlegen. Evangelische Kirchen werden leider meist nur am Sonntagvormittag ihrer Bestimmung entsprechend benutzt, während sie die übrige Zeit der Woche verschlossen sind. Luther übernahm von der katholischen Kirche den täglichen Gottesdienst, allerdings mit dem wichtigen Unterschied, daß er die werktäglichen Messen nicht gelten ließ. Seine Regel lautete: Sonntags Messe, werktags Mette und Vesper. Der Verlust von Mette und Vesper zur Zeit des Rationalismus bedeutete eine schmerzliche Verarmung der evangelischen Kirche. In unserem Jahrhundert war die Wiedergewinnung des täglichen Gottesdienstes ein besonderes Anliegen der liturgischen Bewegungen.
Im Anschluß an Wilhelm Löhe hat der Berneuchener Kreis folgende Sinngebung der einzelnen Wochentage vorgenommen:

Sonntag	Tag des Lichtes, der Auferstehung des Herrn
Montag	Weg zur Arbeit, Sendung
Dienstag	Versuchung, Kampf
Mittwoch	Lebensmitte, Lebenskreise, die Nächsten
Donnerstag	Abendmahl, Kirche, Volk
Freitag	Gedächtnis des Todes Christi, Leiden
Sonnabend	Gedächtnis der Grabesruhe Christi, Gericht, Erlösung, Abend des Lebens und der Welt.

Nach dieser Ordnung der Woche hat Rudolf Spieker eine »Lesung für das Jahr der Kirche« herausgegeben, in der das Proprium des vorangegangenen Sonntags (in erster Linie das Sonntagsevangelium) entfaltet wird. Diese Leseordnung hat sich seit ihrem ersten Erscheinen (1937) überraschend schnell verbreitet und ist aus dem Leben kirchlicher Gemeinschaften (Konvente, Tagungen, Ausbildungsstätten) nicht mehr wegzudenken.

§ 28 Der tägliche Gottesdienst
(Geschichte und Aufbau des Stundengebetes)

Die Einteilung des Tages in bestimmte Gebetsstunden geht bereits auf das Judentum zurück. In der Apostelgeschichte (2,15; 10,9; 3,1) werden die dritte, sechste und neunte Tagesstunde als Gebetszeiten genannt. Die Didache fordert zum dreimaligen Vaterunser am Tage auf. Mit dem Aufkommen des Mönchtums wird die Zahl der täglichen Gebetszeiten im 4./5. Jahrhundert auf sieben bis acht erweitert. Die Ordensregel des Benedict von Nursia (529) wirkt befruchtend auf das römische Brevier, dessen Officium[1] alle katho-

[1] Officium ist der Tageskreis der Stundengebete.

lischen Kleriker täglich zu beten haben. Luther kritisiert das Verständnis des Officiums als eines Werkes und die in ihm enthaltenen Heiligenlegenden. Seine positiven Vorschläge wirken improvisiert und bieten keine überzeugende, durchführbare Horenordnung.[2] *In der Zeit des Pietismus und der Aufklärung geriet der tägliche Gebetsgottesdienst in der evangelischen Kirche mehr und mehr in Vergessenheit. Die von den liturgischen Bewegungen unseres Jahrhunderts ausgehenden Bemühungen um seine Wiedergewinnung haben leider in der Breite der gemeindlichen Praxis wenig Widerhall gefunden.*
Die Grundbestandteile des Stundengebets sind: Psalm – Lesung – Hymnus (Lied) – Canticum – Gebet.

Wann beginnt der Tag? Die Antwort wird in den verschiedenen Kulturkreisen bzw. Geschichtsepochen unterschiedlich gegeben: Die Babylonier begannen die Tagesrechnung morgens; bei den Umbriern begann mittags der neue Tag; Hebräer und Griechen setzten den Tagesbeginn auf den Abend (daher heißt es im Schöpfungsbericht in der uns ungewohnten Reihenfolge: »Da ward aus Abend und Morgen der erste Tag«); schließlich gibt es noch die von den Ägyptern und Römern auf uns überkommene Möglichkeit, den Tag kalendermäßig um Mitternacht zu beginnen. Das Christentum übernimmt die hebräisch-griechische Tageseinteilung, wie die Geschichte des christlichen Stundengebetes zeigt. Der Tag beginnt im liturgischen Sinne bereits am Vorabend. Die Wochenschlußandachten am Sonnabendabend sind nach liturgischem Verständnis Wochen*beginn*andachten.
Man kann nicht erwarten, daß schon die *Urgemeinde* eine feste liturgische Durchgestaltung des Tages gekannt hat. Immerhin liegt es nahe, daß die judenchristliche Urgemeinde mit den drei in der Apostelgeschichte genannten Gebetszeiten (s. o.) an die jüdischen Gebetszeiten (seit dem zweiten vorchristlichen Jahrhundert festliegend) anknüpfte. Die paulinische Mahnung »Betet ohne Unterlaß!« (1. Thess. 5,17) ist schwerlich in der kleinasiatisch-griechischen Urgemeinde als Aufruf zu einem pausenlosen Gebet verstanden worden, wie man dies in späterer Zeit getan hat.
Die *Synode von Laodicea* (360) erwartet von den Laien einen zweimaligen Gottesdienstbesuch am Tag (früh und abends). Anderenorts wurde zu dieser Zeit auch die Teilnahme an drei täglichen Gottesdiensten den Gemeindegliedern auferlegt. Freilich war es vielen Laien nicht möglich, wöchentlich 14 bzw. 21 Gemeindeversammlungen zu besuchen. Anders war es in den Klöstern. Dort kam es seit dem 4. Jahrhundert zur festen Ausbildung des Officiums, des ver-

[2] Hore ist das einzelne Stundengebet des Officiums.

bindlich vorgeschriebenen täglichen Gebets-»Pensums«, für das sechs bis sieben Gottesdienste am Tag angesetzt wurden. Der Vater des Benediktinerordens, Benedikt von Nursia, legte im Jahre 529 in seiner Ordensregel im Anschluß an Ps. 119,164 die Siebenzahl des Stundengebetes fest, zu dem noch das Mitternachtsgebet nach Ps. 119,62 hinzukommt. Die vierundzwanzig Stunden des Tages werden demnach von acht Gebetszeiten jeweils im Abstand von drei Stunden durchpulst. Das Officium ist Bestandteil der vita canonica, des fest geregelten mönchischen Lebens. Das Grundpensum des Tageszeitengebetes ist: Psalterium per hebdomadam, scriptura per annum, d. h.: Der Psalter wird Woche für Woche durchgebetet, die Schrift einmal im Jahr durchgelesen.

Das *römische Brevier* wurde durch Pius V. auf Grund des Konzils von Trient (Tridentinum) für die gesamte katholische Geistlichkeit verbindlich (1568). Lediglich einigen Orden wurde die Beibehaltung ihres eigenen Breviers zugestanden. Der Grundstock des römischen Breviers besteht aus Psalter, Preces (Bitten, Fürbitten), Hymnen, Lektionen, Väterlesungen und Legenden (vitae = Lebensbeschreibungen von Heiligen). Jeder katholische Priester und Kleriker hat täglich die Horen des Breviers zu beten. Da das tägliche Leben die Einhaltung der genauen Zeiten nicht immer ermöglicht, ist es erlaubt, die Stundengebete auch zu abweichenden Tageszeiten zu beten. Die Kritik am römischen Brevier ist wenig jünger als dieses selbst. Eine Häufung von Gebeten auch außerhalb des eigentlichen Gebetsteiles der Hore verleitet zum mechanischen Beten. Auch wird es als störend empfunden, daß der Kleriker, wenn er das Brevier allein betet, die für den Wechselgesang bestimmten Stücke (zum Beispiel die Salutatio) zu lesen hat. Die Reformbestrebungen erreichten u. a. durch das Vaticanum im Jahre 1870 einige Erleichterungen. Mit der »Konstitution über die Heilige Liturgie« hat das zweite Vatikanische Konzil auch eine Neugestaltung des Breviers in Angriff genommen.

Luther übte am Brevierbeten im Unterschied zur römischen Messe kaum eine inhaltliche Kritik. Er stieß sich nur an der angeblichen Verdienstlichkeit des Brevierbetens und seufzte über die Last des »Eselsgeschäftes«. Er reduzierte daher auf zwei bis drei Horen. Im Stundengebet sollen biblische Bücher fortlaufend gelesen (lectio continua) und ausgelegt werden. Es soll keine Versammlung geben, in der nicht gepredigt wird. Die Antiphonen, Kollekten und Legenden des Breviers sollen nach Luthers Vorschlag liegenbleiben, bis sie »gefegt« werden. In die Montags- und Dienstagsmetten möchte Luther katechetische Stücke (die fünf Hauptstücke) hineinnehmen. Die werktäglichen Gebetsgottesdienste sollen an die Stelle der Messen treten, die Luther auf die Sonntage beschränkt. Eine genau formulierte Ordnung des Stundengebets sucht man bei Luther vergeblich; ein Gegenstück etwa zur »Formula Missae« oder zur »Deutschen Messe« fehlt. Auch die Anweisungen für die Lesungen sind mehr angedeutet als ausgeführt. So fehlt schon am Anfang der evangelischen Kirche ein Leitbild für die Gestaltung der Mette oder der Vesper, ein Mangel, dessen Folgen bis in unser Jahrhundert hineinreichen.

Es ist trotzdem beachtlich, daß Mette und Vesper lange Zeit hindurch in der lutherischen Kirche intensiv gepflegt wurden. Vielfach hielt man sie in lateinischer Sprache. Pädagogische Gründe waren dafür maßgebend. Im 17. Jahrhundert setzte eine starke Auflösung von Mette und Vesper ein; das 18. Jahrhundert brachte sie zum Erliegen. Der Abbau der Horen erstreckte sich zunächst auf die Wochentage, während man sonntags außer der Messe auch noch Mette und Vesper hielt. (Unsere Früh- und Abendgottesdienste, wie wir sie in größeren Gemeinden außer dem Hauptgottesdienst sonntags kennen, sind die späten Nachkommen dieses Brauchs.)

Die Gründe für die *Zersetzung des Stundengebetes* in der lutherischen Kirche sind mannigfacher Art. Zunächst schadet dem Gedanken des Gemeinde*gebetes* die starke pädagogische Akzentuierung durch Luther. Die Aufnahme katechetischer Stücke, die Beibehaltung der lateinischen Sprache und die Forderung der »allgegenwärtigen« Predigt haben den Charakter der Hore als eines Gebetsgottesdienstes verwischt. Der Rationalismus hat die schon bei Luther vorhandenen Ansätze übersteigert. So konnte man im 18. Jahrhundert mit dem bezeichnenden Argument die Metten und Vespern abschaffen, daß in diesem aufgeklärten Jahrhundert jedermann seine Religionskenntnisse auch auf andere Art und Weise erweitern könne. Auch der Pietismus hat seinen Beitrag zur Auflösung des Stundengebets geleistet. Immerhin ist beim Pietismus nicht nur auf die zersetzenden Tendenzen hinzuweisen, sondern auch auf die Kräfte zur Neugestaltung. Der Satz, daß jetzt an die Stelle des Stundengebetes die Gebetsstunden traten, ist etwas zugespitzt, im wesentlichen aber richtig. Dem Pietismus ging es darum, daß die christliche Familie und der einzelne Christ zu Hause ihren Tag unter Gottes Wort stellten. Eine umfangreiche Erbauungsliteratur entstand; auch die »Losungen« der Brüdergemeine traten in dieser Zeit ihren Zug durch die Lande an.

Bei der liturgischen Restauration des vergangenen Jahrhunderts beschränkte man sich meistens auf eine Reform des Hauptgottesdienstes. Bestrebungen, die Horen zu erneuern, blieben meist in den Anfängen stecken. Beachtenswert sind die Bemühungen Wilhelm Löhes um den »Gottesdienst unter der Woche«. Löhe knüpft dabei an die altüberkommene Struktur an.

Im 20. Jahrhundert kam es dann auch zu einer *Neubesinnung und Neubelebung* von Mette und Vesper in der lutherischen Kirche. Zunächst waren es die liturgischen Bewegungen, die hierfür Anregungen gaben: Das Ideal der *Hochkirche* ist ein Brevier mit einem vollständigen Gebetspensum, das sich eng an das römische Brevier anlehnt. Sein Vollzug wird jedoch nicht in einer unevangelischen

Gesetzlichkeit gefordert. Die Zusammenziehung verschiedener Horen wird abgelehnt. Die *Michaelsbruderschaft* veröffentlichte zunächst stark eigenständige Vorschläge, deren Mut zu Neugestaltungen hervorzuheben ist. Inzwischen hat aber auch der Berneuchener Kreis eine stärkere Verpflichtung gegenüber der Tradition betont und beachtet. Für den *Alpirsbacher Kreis* ist die Fragestellung der Gegenwartsgemäßheit des Stundengebetes und seiner Gestalt unwesentlich. Es geht Alpirsbach im wesentlichen um die Verdeutschung altkirchlicher Horen. Die Übertragung der lateinischen gregorianischen Gesänge, besonders auch der altkirchlichen Hymnen, ins Deutsche verdient starke Beachtung und hohes Lob. Das von Alpirsbach erarbeitete Stundengebet zeichnet sich durch eine unnachahmliche stilistische Einheitlichkeit aus – aber es ist historisierend. Schon die Kirchenlieder der Reformationszeit – geschweige denn einer späteren Epoche – haben darin keinen Platz mehr. Es ist nicht anzunehmen, daß diese Ordnungen jemals von einer größeren Gemeinde unserer Tage als lebendige Gebetsform akzeptiert werden. Sie werden ihren Platz haben bei einem Teil von Versammlungen kirchlicher Bruderschaften.

Die *Lutherische Liturgische Konferenz* hat die mancherlei Anregungen aufgegriffen und eine Neuordnung von Mette und Vesper im bewußten Anschluß an die Reformationszeit geschaffen (abgedruckt im Evangelischen Kirchengesangbuch). Band II der Lutherischen Agende enthält darüber hinaus noch Ordnungen für das Mittags- und das Nachtgebet (Complet). Ein Sieben- (bzw. Acht-)Horen-Zyklus ist auch als Fernziel nicht angestrebt.

Über die Einübung und Pflege des Stundengebets in Seminaren, bei Konventen, auf Rüstzeiten usw. könnte es zu einer Wiedergewinnung von Mette und Vesper in unseren Gemeinden kommen. Die bedrohliche Gefahr des Sonntagschristentums würde dadurch zu einem guten Teil gebannt. In unserer unruhigen Zeit kann das geregelte Angebot von festen Zeiten der Stille und des gemeinsamen Gebets kaum hoch genug eingeschätzt werden.

Zum Aufbau der Hore (s. Leitsätze) sei noch auf folgendes hingewiesen:

1. Psalm. Der Psalm wird ausgeführt wie der Introitus in der Messe (§ 13): Antiphon – Psalm – Gloria patri – Antiphon. Dem Psalm geht der *Ingressus* voraus (in der Mette: »Herr, tue meine Lippen auf, daß mein Mund deinen Ruhm verkündige. Eile, Gott, mich zu erretten, Herr, mir zu helfen. Ehre sei dem Vater ...«). Diesem kann nach evangelischem Brauch noch ein Tageszeitenlied vorangehen. Die Complet beginnt mit dem Sündenbekenntnis (Confiteor).

2. Lesung. Luther schlug die fortlaufende Bibellesung vor. Diese ist aber nur dann sinnvoll, wenn Tag für Tag der gleiche Kreis am Stundengebet teilnimmt. Bewährt hat sich in unserer Generation die Kirchenjahreslese (§ 27). Eine Auslegung kann der Lesung folgen; sie wird jedoch nicht mehr – wie von Luther – als unaufgebbar gefordert. Um der nicht zu verkennenden Predigtmüdigkeit in unseren Gemeinden willen sollte man sie entweder ganz kurz halten oder aber überhaupt fortlassen. Ob die an Stelle der Auslegung in der Agende genannte Möglichkeit einer Väterlesung sich in unseren Gemeinden einbürgern wird, bleibt abzuwarten.

3. *Hymnus (Lied).* An dieser Stelle hat das Wochenlied seinen Platz. Da in der Kirchenjahreslese die Lesungen vom Sonntagsevangelium her ausgewählt wurden, ist die Verbindung mit dem Wochenlied, das den gleichen Bezug aufweist, besonders sinnvoll.

4. *Canticum.* Als Canticum werden die drei von Lukas überlieferten neutestamentlichen Psalmen (§ 2, f) verwendet: in der Mette das Benedictus (das mit dem Tedeum wechseln kann), in der Vesper das Magnificat, in der Complet das Nunc dimittis. Wo keine Complet gehalten wird, kann das Nunc dimittis in der Vesper mit dem Magnificat alternieren.

5. *Gebet.* Der Gebetsteil der Horen ist viergegliedert:

Nach dem Kyrie eleison wird das *Vaterunser* gebetet, dessen Bitten in den folgenden *Preces* entfaltet werden. Das *Stillgebet* gibt Raum für die persönlichen Gebetsanliegen des einzelnen Gemeindegliedes. Den Beschluß bildet das *Kollektengebet* (Gebet des Tages bzw. der Woche).

Nach dem Wechselgruß und dem Benedicamus (»Lasset uns benedeien dem Herrn. Gott sei ewiglich Dank.«) schließt die Hore mit dem Segen. In der evangelischen Kirche hat hier der trinitarische Segen, den Luther im Hauptgottesdienst durch den Aaronitischen Segen ersetzte, seinen Platz gefunden.

Das Stundengebet ist seinem Wesen nach Gemeindegebet. Es kann daher ohne Pfarrer gehalten werden.

In der Ausführung des Stundengebetes ist eine große Variationsbreite möglich: In der schlichtesten Form kann alles gesprochen werden (mit Ausnahme der Lieder). Normalerweise wird man die Gebete, den Psalm und die kurzen liturgischen Stücke im Sprechgesang (Modelltöne) ausführen. Aber auch die reiche musikalische Gestaltung einzelner Stücke ist möglich.

II. Der gottesdienstliche Ort

§ 29 Gestalt und Bedeutung des Gotteshauses

Es gibt nach evangelischem Verständnis keinen an sich heiligen Ort; heilig ist jede Stätte, an der sich eine christliche Gemeinde unter Wort und Sakrament versammelt. Ein recht gestalteter Kirchenraum hat aber als Diener und Deuter des gottesdienstlichen Geschehens eine so große Bedeutung, daß eine Gemeinde nur im Notfall darauf verzichten wird. – Theologie, Baukunst und Kirchenmusik sind die drei Faktoren für die Gestaltung des evangelischen Kirchenraumes.

Ein Gotteshaus unterscheidet sich schon äußerlich von anderen Bauten. Durch die Gemeindegottesdienste, die darin gehalten werden, haftet ihm eine besondere Atmosphäre an. Aber ein evangelisches Gotteshaus ist nicht durch eine Weihe zu einem Raum geworden, der von anderen Räumen wesensmäßig verschieden ist. Damit ist eine Abgrenzung gegenüber dem katholischen Verständnis des Kirchenraumes vollzogen: Durch einen reich ausgeführten Weiheritus wird eine katholische Kirche entprofanisiert, nicht nur eingeweiht, sondern im eigentlichen Sinne zu einer Kultstätte geweiht. Unter jedem katholischen Altar sind Reliquien beigesetzt, die dem Gotteshaus ihrerseits Weihe geben. Vor allem aber wird die Heiligkeit des katholischen Kirchenraumes durch den Ort sinnfällig gemacht, an dem die beim Abendmahl übriggebliebenen Hostien aufbewahrt werden. Nach katholischer Lehre werden die Abendmahlselemente (Brot und Wein) durch die Wandlung in der Messe ein für allemal wesensmäßig in Leib und Blut Christi verwandelt. Die bei der Sakramentsfeier nicht benötigten Hostien kann man daher nicht wieder zu den ungeweihten Oblaten zurücktun, sondern man bewahrt sie im Tabernakel (Zeltchen) auf. Der in den verwandelten Hostien leibhaft anwesend geglaubte Christus wird von den katholischen Christen auch außerhalb der Messe angebetet.
In der evangelischen Kirche wurde das Wort Jesu von der Anbetung im Geist und in der Wahrheit (Joh. 4,24) lange Zeit spiritualistisch mißgedeutet: Alles Materiell-Leibliche wurde als unwesentlich abgewertet. Auch der Kirchbau wurde davon betroffen. Viele Entgleisungen auf dem Gebiete des Kirchbaus waren die Folge. Baustilistisch begnügte man sich in der Regel mit Kopien. Vor allem aber gab die Innengestaltung der Kirchen meist Zeugnis von einem sinnenfeindlichen Protestantismus. Darüber kam es zu Beginn unseres Jahrhunderts zu einem Erschrecken und Erwachen. Bei der Neubesinnung standen die Fragen der Gestaltung des Gotteshauses mit an der Spitze, so daß es zu einer neuen Blüte des Kirchbaus kam. Sicher wird eine spätere Zeit so manchen Kirchenbau unserer Zeit in künstlerischer Hinsicht als nicht wertbeständig ansprechen. Das ehrliche Bemühen um eine sinnvolle, würdige Hülle für unsere Gottesdienste wird man den Architekten nicht absprechen können.

Nur einige der zahlreichen Einzelprobleme sollen hier angedeutet werden:

1. *Altar und Kanzel.* Im Gottesdienst ergeht Gottes Wort als verbum auditum und als verbum visibile (als gehörtes und als sichtbares Wort). Dieser Doppelform entspricht im Kirchbau die Zuordnung von Kanzel und Altar. Es ist zu beachten, daß es sich in beiden Fällen um das eine Wort Gottes handelt, daß aber die äußere Form verschieden ist. In der evangelischen Kirche hat es bis zum Ende des 19. Jahrhunderts nicht an Stimmen gefehlt, die die Einheitlichkeit des im Gottesdienst ergehenden Wortes so stark betonten, daß sie als sinnvollste

Anordnung von Kanzel und Altar die bauliche Vereinigung, den Kanzelaltar, forderten. Das Gegenstück dazu war die – vor allem in vorreformatorischer Zeit und in den ersten Jahrhunderten der evangelischen Kirche übliche – starke Trennung von Altar und Kanzel, wobei die Kanzel meist an einer Seite des Langhauses zu stehen kam. Hier ist die Zusammengehörigkeit von Wort und Sakrament baulich nicht mehr unterstrichen. Man ist heute mehr und mehr dazu übergegangen, Altar und Kanzel gesondert zu bauen, sie aber doch so zu stellen, daß ihre Polarität sichtbar zum Ausdruck kommt. – Dem Altar gebührt im evangelischen Gotteshaus keine besondere Heiligkeit, wohl aber eine besondere Würde als dem Abendmahlstisch der Gemeinde, an dem diese das Sakrament des Altars empfängt. Eine handwerklich gediegene Ausführung ist daher hier unbedingt am Platze. Es ist eine gute Sitte, die mensa (Altarplatte) aus *einem* Stein zu formen. Vom Kirchenschiff führen einige Stufen hinauf in den Chorraum, der Altar ist wiederum eine oder einige Stufen höher als der Chorraum. Viele Architekten haben hier mit Zahlensymbolen gearbeitet (drei Stufen und eine Stufe als Symbol der Trinität). – Die reformierte Kirche hat im bewußten Gegensatz zum katholischen Verständnis den ausschließlichen Tischcharakter des Altars so stark betont, daß sie mit Vorliebe einen schlicht gearbeiteten hölzernen Tisch als Altar verwendet.

2. Der Taufstein. Es fehlt bis heute eine einheitliche, klare theologisch-liturgische Auffassung, wo der Taufstein stehen soll. Entweder man argumentiert: Die Taufe ist keine »Winkelangelegenheit«; also gehört der Taufstein nicht in einen Winkel der Kirche. Oder aber man weist darauf hin, daß die Taufe im Unterschied zum Sakrament des Altars kein Bestandteil der Messe ist; demnach braucht der Taufstein nicht im optischen Brennpunkt der gottesdienstlichen Gemeinde zu stehen. Wie soll man sich zu beiden Argumenten stellen? Die baulichen Gegebenheiten mögen von Fall zu Fall die Entscheidung herbeiführen. Wo in alten Kirchen eine Taufkapelle vorhanden ist, möge man sie ihrer Bestimmung gemäß nutzen. Sonst sollte der Taufstein im Angesicht der Gemeinde – als Tauferinnerung – stehen. Sinnvoll erscheint aber auch die Aufstellung des Taufsteins in der Nähe des Hauptportals: Der Weg des Christen von der Taufe (Taufstein) unter das Wort (Kanzel) zum Abendmahl (Altar) könnte durch diese Anordnung symbolisch dargestellt werden.

3. Das Lesepult. Lesungen vom Altar aus sollten ein Notbehelf sein. Wenn irgend möglich, sollten die Lesungen und die Abkündigungen von einem Lesepult aus gehalten werden. Auf das Lesepult gehört das Lektionar oder eine Verlesungsbibel. Äußerst unschön ist es, wenn der Lektor oder der Liturg die Lesungen aus einem Taschentestament oder einer Senfkornbibel verliest. Zwar ist die Frage des Buchformats vordergründig nur eine Frage der Ästhetik. Aber die hohe Bedeutung der Schriftlesung im Gottesdienst sollte in keiner Weise verniedlicht werden. Das Lektionar gehört auf das Lesepult, die Agende auf den Altar.

4. Orgel und Sängerchor. Früher gab es in großen Kirchen zwei Chöre und zwei Orgeln: die Schola, die die liturgischen Stücke im Chorraum einstimmig sang, und den Figuralchor auf der Westempore (sofern vorhanden). Der Schola entsprach in Aufstellung und Funktion die kleinere Chororgel, dem Figuralchor die Hauptorgel im Rücken der Gemeinde. Die Verfechter des Kanzelaltars haben meist noch die Orgel- und Sängerempore darüber angeordnet. Damit wird architektonisch deutlich gemacht, daß Chor und Orgel genau wie der Pastor im Gottesdienst Aufgaben haben, bei denen sie der Gemeinde als Sprecher Gottes gegenübertreten. Aber der Liturg wendet sich bei den Stücken, die er als Mund der Gemeinde spricht, um. Orgel und Chor können dies nicht tun. Auch ist es eine fragwürdige Angelegenheit, wenn Liturg und Chor so miteinander amtieren, daß der Chor dabei dem Pfarrer – zugespitzt formuliert – auf dem Kopf herumtritt. Das Aufstellen und Setzen des Chores bringt auch bei bester Disziplin so viel Unruhe mit sich, daß es im Angesicht der Gemeinde meist andachtstörend wirkt. In den meisten Fällen hat man dem (Figural-)Chor daher seinen Platz auf der Westempore zugewiesen, was nun wieder den Nachteil hat, daß der Chor die Gemeinde von hinten ansingt. In neuerer Zeit ist der Versuch unternommen worden, Chor und Orgel seitlich des Altars (Seitenschiff) unterzubringen. Dadurch können die Nachteile der beiden anderen geschilderten Aufstellungsmöglichkeiten vermieden werden.

5. Paramente. Die Bekleidung von Altar, Kanzel und Lesepult soll der Gemeinde eine Hilfe für das Miterleben des Gottesdienstes sein. Schon die liturgische Farbe gibt einen bestimmten Grundton an. Von besonderer Bedeutung sind auch die auf den Paramenten verwendeten Symbole. Die Zeiten sind noch nicht lange vorüber, daß man auf dem Antependium vor dem Altar zwei sich beißende, aufgeregt flatternde phantastische Vögel sehen konnte, unter denen mit großen Buchstaben gestickt stand: »Gestiftet vom Jungfrauenverein der Gemeinde X.« Inzwischen hat man die Wichtigkeit guter Paramente erkannt. Der Kreis um Rudolf Koch hat eine ausdruckskräftige Symbolsprache erarbeitet, die die Gemeinde zur Meditation anleiten möchte und ihr die Grundtatsachen des christlichen Glaubens in schlichten Sinnbildern einprägen will.
Ob in der evangelischen Kirche für alle Zeiten der am Anfang des vorigen Jahrhunderts eingeführte schwarze Talar (tunica talaris = auf die Knöchel herabreichendes Gewand; von lat. talus = Knöchel) die liturgische Gewandung des Pfarrers bleiben wird? In Deutschland würde eine farbige Gewandung sofort als katholisch verschrien werden. Doch wäre dies nur eine Frage

der Gewöhnung. Es sei darauf hingewiesen, daß in anderen lutherischen Kirchen (etwa Skandinaviens) die farbige liturgische Tracht eine Selbstverständlichkeit ist. Die Form des heute bei uns üblichen Talars ist Luthers Doktorrock nachgestaltet – also ausgerechnet einem nichtliturgischen Gewand. Das sogenannte Beffchen – die beiden weißen Leinenstreifen vorn am Kragen – ist zu einem Teil der Amtstracht geworden, als die früher gebräuchlichen weißen Halskrausen – die Mühlräder, wie sie noch heute vereinzelt getragen werden – die aufkommenden Perücken behinderten.

§ 30 Der liturgische Dienst der Glocken

Die Glocke dient zunächst im profanen wie kultischen Gebrauch als Signalinstrument. Im kirchlichen Raum wurde das Läuten bis ins 17. Jahrhundert hinein als liturgischer Dienst angesehen. Jede Glocke eines Geläuts hat zunächst als Einzelglocke ihre bestimmte Funktion (Tauf-, Trau-, Bet-, Vaterunser-, Sterbeglocke, auch Sturm- und Feuerglocke). Das volle Geläut sollte den Sonntagen oder (bei mehr als drei Glocken) den Feiertagen vorbehalten werden. Unseren Gemeinden sollte der Ruf der Glocken wieder als Ruf zum Gottesdienst, zum persönlichen Gebet und zur Fürbitte verständlich gemacht werden.

Im Katholizimus hat die Glockenweihe einen geradezu sakramentalen Charakter erhalten. Die Glockenweihe wird unter Waschungen, Salbungen, Psalmen, Lektionen vollzogen. Auch ein regelrechter Exorzismus (Teufelsaustreibung; d. h. Herausnahme der Glocke aus den sündhaft-kreatürlichen Zusammenhängen) wird vollzogen. Alte Glocken haben Inschriften bzw. Namen, die ein Verständnis für die Glocke als persona erkennen lassen: Die Glocke dient dazu, daß durch sie hindurch ein Auftrag, ein Aufruf ertönt (personare = hindurchtönen).

Die evangelische Glockenweihe (wie auch die Orgelweihe) geschieht nach 1. Tim. 4,4.5 unter Schriftlesung und Gebet (»Alles, was Gott geschaffen hat, ist gut, und nichts ist verwerflich, was mit Danksagung empfangen wird; denn es wird geheiligt [‚geweiht'] durch das Wort Gottes und Gebet«). Ein Formular findet sich im Band IV der lutherischen Agende. Durch die Weihe wird die Glocke zum kirchlichen Dienst ausgesondert; ihre Verwendung zu profanen Zwecken (insbesondere zu dem der Menschenverehrung) ist dadurch ausgeschlossen. Auch in Katastrophenfällen, bei denen Kirchenglocken zur Warnung oder zum Hilferufen geläutet werden können, gilt in besonderer Weise ihr eigentlicher Auftrag: der Ruf zum Gebet.

Einst versahen Glöckner in liturgischer Gewandung ihren Dienst. Zu einer Auflösung dieses Amtes kam es in den Wirren des Dreißigjährigen Krieges. Es gibt drei Geläutearten: 1. voller beidseitiger Anschlag der Glocke (das »normale« Läuten), 2. das Halbzugsläuten, das man in ländlichen Gemeinden noch des öfteren beim Totengeläut vorfindet, 3. das »Beiern«, bei dem mit dem Klöppel oder mit einem Hammer die nichtschwingende Glocke angeschlagen wird. Diese Läuteart wird noch verbreitet beim Vaterunser verwendet (entweder drei Schläge oder sieben Schläge zu den einzelnen Bitten des Vaterunsers). Mit den üblichen Läutemaschinen läßt sich nur das volle Läuten ausführen. Die Läutemaschine hat den Vorteil einer beachtlichen Einsparung an Arbeitsaufwand, aber gleichzeitig läßt sie die liturgischen Möglichkeiten des Geläuts verkümmern. – Die russischen Kirchen kennen nur das Beiern; die Glocken hängen in einem unbeweglichen Joch.

Das Geläut bei Kasualien ist bis heute weithin noch eine Frage des Geldbeutels. Es ist ein Schandfleck im Leben unserer Gemeinden, daß das Geläut nicht eine selbstverständliche, geordnete Angelegenheit der Kirchgemeinde ist, die bei den Kasualien ihre Gemeindeglieder zur Fürbitte aufruft, sondern eine Privatsache derer, die die Kasualien begehren. – Die Gebetsglocke sollte wirklich als solche verstanden werden (beispielsweise die Mittagsglocke mit ihrem Pro-pace-Läuten, das zur Bitte um den Frieden aufruft).

Am Karfreitag und Karsamstag schweigen die Glocken vielerorts. Das Einläuten des Osterfestes am Karsamstag ist weit verbreitet, ist aber eine ungute Sitte. Die Osterglocke sollte erst in der Osternacht (bei Sonnenaufgang) ertönen.

Die Voraussetzung für ein rechtes Verständnis der Glocken und ihres Dienstes bei unseren Gemeindegliedern ist eine gedruckte Läuteordnung, die in die Hand jedes Gemeindegliedes gehört. Da jedes Geläut seine eigene Zusammensetzung hat, läßt sich eine solche Läuteordnung nicht allgemein verbindlich festlegen, sondern muß vom Kirchenvorstand ausgearbeitet werden. Aufgabe der Landeskirchen ist es, Richtlinien dafür zu erlassen. Dies ist zum Teil bereits geschehen. Die 1955 von der Lutherischen Liturgischen Konferenz erarbeitete »Läuteordnung für evangelisch-lutherische Kirchen und Gemeinden« bietet hierfür Hilfe an.

§ 31 Die liturgische Haltung

Zeremonien sind nach lutherischem Verständnis weder heilsnotwendig noch für die Einheit der Kirche erforderlich. Wohl aber ist es eine »feine äußerliche Zucht«, sich leiblich zu bereiten, weil die äußere Haltung eine Gestalt-

werdung des Inneren ist. Für das Verhalten im Gottesdienst gilt als Grundregel eine gelöst-natürliche, aber doch zuchtvolle Haltung. Saloppes Benehmen ist genauso unangebracht wie geschraubt-steifes Gebaren.

Die evangelische Kirche kennt eine Vielzahl von Gebärden, die nicht nur den Pfarrer betreffen, sondern auch jedem Gemeindeglied wohl anstehen.
Das *Stehen* ist sowohl ein Zeichen der Ehrfurcht als auch ein Ausdruck der inneren Erhebung. Die Gemeinde erhebt sich zur Evangelienlesung, weil ihr darin der Herr in besonderer Weise gegenübertritt, dem diese Geste der Ehrerbietung gilt. Auch den Segen empfängt die Gemeinde stehend. Es gibt in unseren Gemeinden leider noch weithin ein ausgesprochen »schlaksiges« Stehen. Es ist nur ein schwacher Trost, wenn man schon in altkirchlichen Liturgien (z. B. der Jakobus-Liturgie) die Mahnung an die Gemeindeglieder, anständig zu stehen, lesen kann.
Das *Sitzen* hat von jeher eine doppelte Bedeutung: Der Herrscher sitzt, thront; doch ist die sitzende Haltung auch die Haltung der Beschaulichkeit, der Meditation. In der evangelischen Kirche kommt dem Sitzen nur diese zweite Sinngebung zu. Aber wie sitzt man häufig! Es zeigt sich ein beschämendes Bild, wenn man eine Gemeinde etwa während einer Predigt beobachtet. Auch ist es ein Zeichen für eine wenig ehrfürchtige Gebetshaltung, wenn sich jemand beim Beten mit übereinandergeschlagenen Beinen in die Ecke einer Kirchenbank kauert.
Das *Knien* wird in der evangelischen Kirche leider nur noch selten geübt. Doch es gibt keine Körperhaltung, die einem demütigen, bußfertigen Herzen besser entspricht als das Knien. Der evangelische Christ kniet allenfalls noch bei der Konfirmation, bei der Trauung und beim Empfang des Abendmahls. In einigen Landeskirchen wird auch die Mutter bei der Tauffeier knieend eingesegnet. Nur in wenigen Kirchen kniet die Gemeinde noch bei der Beichte, wo diese Gebärde unbedingt angebracht ist.
Das *Neigen des Hauptes* ist als liturgische Geste fast schon abhanden gekommen. Es ist bei allen Segensvoten angebracht: bei der Salutatio, bei Kanzelgruß und -segen sowie beim Schlußsegen. Auch beim Gloria patri ist eine Neigung des Hauptes eine gute Sitte.
Die *Beugung des Körpers* wird geübt beim Hinzutreten zum Tisch des Herrn und nach dem Empfang des Sakramentes. Diese Geste ist als Zeichen der Demut und des Grüßens ohne weiteres verständlich.
Das *Händefalten* ist eine Gebärde, die ausdrückt, daß der Mensch vom Werk seiner Hände ruht, daß er still ist zum Gespräch mit Gott. Unsere heutige Form der ineinandergefalteten Hände hat zwei ältere Formen nahezu ver-

drängt: Auf alten Abbildungen sieht man die Beter entweder mit flach gegeneinandergelegten Handflächen oder so, daß die rechte zur Faust zusammengezogene Hand von der linken umschlossen wird. Auch die zuletzt genannte Form will dasselbe besagen wie die gefalteten Hände: Die rechte Hand ist die eigentliche Arbeitshand des Menschen, die beim Beten ruht, indem sie von der linken (»Die Linke kommt vom Herzen«) umgriffen wird.

Das *gemeinsame Sprechen und Singen* bedarf einiger Hinweise. Das Singen ist die einem gemeinsamen Ausdruck gemäßeste Form. Alle finden sich zu einem Ton zusammen; der musikalische Rhythmus hält den Sprachrhythmus zusammen. Das gemeinsame Sprechen im lutherischen Gottesdienst ist erst in den Jahren des Kirchenkampfes üblich geworden. Es bietet viele technische Schwierigkeiten, weil manche Gemeindeglieder ein so stark subjektives Pathos beim Sprechen zeigen, daß nur in ganz seltenen Fällen eine Gemeinde wie aus einem Munde spricht. Weder ein zu lautes Sprechen noch ein unverständliches Gemurmel sind angebracht. Relativ gut sprechen in der Regel Kinder gemeinsam (Glaubensbekenntnis und Vaterunser im Kindergottesdienst).

Es gibt vielerorts Gemeindeglieder, die beim gemeinsamen *Singen* ihre Musikalität durch eine »freie zweite Stimme« zeigen wollen. Abgesehen davon, daß diese bei Begleitung des Gemeindegesanges durch die Orgel fast nie mit den Harmonien der Orgel übereinstimmt, ist es auch ein Zeichen für einen bedenklichen Individualismus, wenn sich einzelne Gemeindeglieder nicht in die Einheit des einstimmigen Gemeindegesanges einfügen können. Dies ist dann meist nicht das einzige Zeichen ihres Individualismus.

Der Pfarrer hat im Verlauf des Gottesdienstes eine Reihe weiterer Regeln für sein Verhalten zu beachten. Zuerst ist sein Verhalten am Altar zu nennen. Die meisten Einzelheiten (Sakramentsverwaltung u. a.) sollen hier außer Betracht bleiben. Hingewiesen sei nur auf die alte Regel cor ad altare (»Das Herz zum Altar hin«). Der Liturg wendet sich also in einem Halbkreis rechtsherum zur Gemeinde, in einem Halbkreis linksherum zum Altar. Besonders wenn mehrere Liturgen gleichzeitig am Altar amtieren (z. B. bei Einführungshandlungen), macht es einen häßlichen Eindruck, wenn bei einer gemeinsamen Wendung nicht die gleiche Richtung eingehalten wird. In der evangelischen Kirche kann das cor ad altare keine theologische Bedeutung haben; es ist reine Angelegenheit einer guten äußeren Ordnung (vgl. § 16).

Die *Handauflegung* ist eine Fürbitt- bzw. Segensgeste. Das Erheben der Hände beim Schlußsegen in der Messe hat die gleiche Bedeutung. Schon aus altkirchlicher Zeit stammt die Sitte, bei der Segnung der Gemeinde mit dem Kreuzeszeichen die drei starken Finger der Hand ausgestreckt aneinanderzulegen, während die beiden kleinen Finger an die Handfläche angelegt werden. Auf vielen alten Abbildungen findet man diese Form der »Segenshand«.

E. Die Musik des evangelischen Gottesdienstes

§ 32 Wesen und Aufgabe evangelischer Kirchenmusik

Die Kirchenmusik ist keine bloße »Verschönerung« des Gottesdienstes, sondern sie gehört mit zu den Formen, in denen sich die Anrede Gottes an die Gemeinde und die Antwort der Gemeinde auf Gottes Wort vollziehen. Musik erscheint im evangelischen Gottesdienst a) als Gemeindegesang b) als Chor- und Sologesang, c) als Altargesang und d) als Instrumental-, besonders als Orgelspiel.

Die Wertung der Musik im Gottesdienst wird in der Praxis an der Stellung des Chores meist sofort deutlich; die Zeiten, in denen der Chor ganz zu Beginn des Gottesdienstes und vor der Predigt sang (»damit er die Liturgie nicht stört«), sind hoffentlich vorüber. Der Chor ist Mitträger des Gottesdienstes. Das bedeutet zunächst, daß die Auswahl der Chorliteratur nach den Erfordernissen des Gottesdienstes zu geschehen hat; das bedeutet andererseits, »daß der Chor nicht irgendwo mit einem zusätzlichen Stück ‚eingeschoben' wird, sondern daß er zu geordneter Tätigkeit im Rahmen der geltenden Liturgie verpflichtet ist, die er weder ändert noch sprengt« (aus den »Richtlinien für die Tätigkeit des Chores im Gottesdienst« der lutherischen Generalsynode 1954).
Der Chor ist der »Musikausschuß der Gemeinde«. Er ist ein Stück der Gemeinde und kann daher alle der Gemeinde zufallenden Stücke in einer musikalisch anspruchsvolleren Form an Stelle der Gemeinde singen. Andererseits kann der Chor auch – ähnlich dem Pfarrer – der Gemeinde gegenüberstehen; er hat – etwa mit einer Evangelienmotette oder einer Kantate – «Predigtfunktionen«.

Für den Einsatz des Chores neben und mit der Gemeinde gibt es folgende Möglichkeiten:

1. Die *Alternatimpraxis.* Gemeinde und Chor singen ein Lied Vers um Vers abwechselnd (alternatim). Diese Praxis empfiehlt sich vor allem bei vielstrophigen Liedern, weil dadurch eine stimmliche Ermüdung der Gemeinde vermieden wird. Eingebürgert hat sich vor allem die Alternatimausführung des Wochenliedes.

2. Der Chor singt *additiv,* d. h., das Chorstück tritt zum liturgisch entsprechenden Gemeindegesang hinzu. Besonders der Introitus wird gern additiv ausgeführt: Der Chor singt einen – choralen oder figuralen – Introitus; die Gemeinde schließt das Introitus-Lied (Eingangslied) an.
3. Der Chor kann auch an die Stelle der Gemeinde treten; diese Ausführung nennt man *substitutiv.* Sie wird gelegentlich bei Ordinariumsstücken verwendet; z. B. singt der Chor das Kyrie eleison figuraliter, worauf der Liturg das Gloria in excelsis intoniert, ohne daß die Gemeinde noch beim Kyrie beteiligt wird. Substitutiv kann der Chor auch an Stelle des Lektors (Liturgen) einen Teil der Lesungen übernehmen (Epistel- bzw. Evangelienmotette).

Die Haupteinsatzstellen des Chores im Gottesdienst sind folgende:

1. *Introitus.* Hierbei ist darauf zu achten, daß nicht ein beliebiger Chorsatz gesungen wird, sondern eine Introitusmotette (Psalmmotette, möglichst mit Gloria patri). Ein Lied des Chores ist unangebracht, weil dann Chor und Gemeinde (Eingangslied) die gleiche musikalische Form additiv bringen, was vermieden werden möchte. Jedoch sei (besonders für einfachere chorische Verhältnisse) auf die Umdichtung des gesamten Psalters durch Cornelius Becker in der liedhaften Vertonung von Heinrich Schütz als gute Möglichkeit eines chorischen Introitus hingewiesen.
2. *Ordinariumsstücke* an Stelle oder im Wechsel mit der Gemeinde.
3. *Choräle* alternatim (nicht jedoch das Eingangslied; hier soll der Chor eine chormäßige Form des Introitus singen).
4. *Lesungsmotetten* (Epistel- oder Evangelienmotetten).
5. Der *Hallelujavers,* normalerweise auf einen Psalmton, gelegentlich aber auch in einem kurzen mehrstimmigen Chorsatz.
6. *Predigtmusik* (Kantaten mit ihren vielfach das Sonntagsevangelium auslegenden Texten). Die Predigtmusik sollte in unmittelbarer Nachbarschaft der Predigt stehen, was freilich nur dann sinnvoll erscheint, wenn Predigt und Kantate thematisch aufeinander abgestimmt sind.
7. *Musica sacramenti.* Während der Abendmahlsausteilung hat die Kirchenmusik eine besonders breite Entfaltungsmöglichkeit.

Orgelmusik ist absolute (d. h. vom Worte losgelöste) Musik wie alle Instrumentalmusik. Ihre Stellung im Gottesdienst kann nicht besser bestimmt werden als mit den Worten, die der Apostel Paulus für das Zungenreden findet (1. Kor. 14): Sie hat durchaus ihren Platz im christlichen Gottesdienst, muß sich aber dessen bewußt bleiben, daß sie stets in der Gefahr ist, wegen ihrer Textlosigkeit nicht verstanden zu werden. Die Wittenberger Theologische Fakultät hat sich im Jahre 1597 in einem Gutachten mit der gottesdienstlichen

Orgelmusik befaßt. In diesem Gutachten wird davon gesprochen, daß sie »die Gemüter der Menschen zu bewegen kräftig« sei. Ihre Funktion im Gottesdienst ist legitim, solange nicht weltliche Gesänge gespielt werden. Die Gemeinde muß zur Bedingung machen, »daß man weiß, es wären geistliche Lieder, die zu Gottes Lob gemacht sind«. Die Musik hat ihre gottesdienstliche Berechtigung auch dann, wenn »man nicht in specie vernimmt, was es für Lieder sein mögen«. Die Orgel tut an der Gemeinde einen guten Dienst, wenn sie in ihrem Auftrag mit den ihr gemäßen Mitteln Gott lobt und die Gemeinde ermuntert, auf ihre Weise das gleiche und mehr zu tun.

Als die Orgel in den christlichen Gottesdienst Einzug hielt, hatte sie zunächst selbständige Aufgaben. Die Gemeindebegleitung datiert erst aus den Zeiten, als der Gemeindegesang die Kraft der Reformationszeit eingebüßt hatte. Vorher hatte die Orgel die Aufgabe, liturgische Stücke selbständig auszuführen (etwa so, daß an Stelle des vom Chor gesungenen Kyrie die Orgel dieses Stück ausführte). Daneben hatte sie die Aufgabe zu intonieren. Es ist zu wünschen, daß die Orgel im Gottesdienst wieder selbständige Funktionen bekommt. Mancherorts hat der Orgelchoral wieder Einzug gehalten: Aus einem Lied werden eine oder einige Strophen nur von der Orgel gespielt, während die Gemeinde den Text mitliest. Solche Orgelchoräle sollten in behutsamer Weise den Text des betreffenden Verses ausdeuten (oder doch wenigstens andeuten).

Die Zeit ist noch nicht reif für die Forderung, die Gemeinde solle die Choräle grundsätzlich ohne Orgelbegleitung singen. Bei längeren Liedern würde der Gemeindegesang ohne die Hilfe der Orgel vielfach verlangsamen oder detonieren (in der Tonhöhe absinken). Doch sollte die Gemeinde daran gewöhnt werden, auch einmal ohne Orgelbegleitung eine oder einige Liedstrophen zu singen. Begrüßenswert ist die Tatsache, daß eine ganze Reihe von Gemeinden die neuen liturgischen Weisen ohne Orgelbegleitung singt. Die Wechselstücke zwischen Liturg und Gemeinde bekommen dadurch eine stärkere musikalische Einheitlichkeit. Auch ist die Mehrstimmigkeit den liturgischen Melodien des 16. Jahrhunderts von Hause aus fremd. Dies gilt noch mehr von den schlichten Responsorien und Versikeln, denen eine Orgelbegleitung wesensfremd ist (als besonders anschauliches Beispiel sei der Dankversikel nach dem Abendmahl genannt, der sich eigentlich nicht »harmonisieren« läßt).

F. Literatur zur Liturgik

§ 33 *Hinweise auf ausgewähltes liturgisches Schrifttum*

Wer sich einen umfassenderen Überblick über die Liturgik verschaffen möchte, als dies durch die Lektüre einer knappen Einführung geschehen kann, sei in erster Linie auf die beiden Standardwerke der evangelischen Liturgik verwiesen, die man auch als »Einstieg« für die Beschäftigung mit speziellen Fragen der Liturgik immer wieder zur Hand nehmen wird:

1. *Georg Rietschel,* Lehrbuch der Liturgik

Band I: Die Lehre vom Gemeindegottesdienst
Band II: Die Kasualien

Zweite, neubearbeitete Auflage von Paul Graff, Göttingen 1952.
Dieses Lehrbuch ist zwar in der theologischen Schau der liturgischen Probleme in dem halben Jahrhundert seit seinem ersten Erscheinen (1900 bzw. 1909) in mancher Hinsicht überholt. In der Erschließung der Quellen ist es bis heute unübertroffen.

2. *Leiturgia.* Handbuch des evangelischen Gottesdienstes, herausgegeben von Karl Ferdinand Müller und Walter Blankenburg.

Band I: Geschichte und Lehre des evangelischen Gottesdienstes, Kassel 1954
Band II: Der Hauptgottesdienst, Kassel 1955
Band III: Der Predigtgottesdienst und der tägliche Gottesdienst, Kassel 1956
Band IV: Die Musik des evangelischen Gottesdienstes, Kassel 1961
Band V: Der Taufgottesdienst, Kassel 1970.

Dieses Handbuch ist immer wieder eine Fundgrube. Die liturgische Forschung von zwei Generationen hat hier ihren Niederschlag gefunden. Die umfassenden Literaturangaben zu den einzelnen Gebieten orientieren übersichtlich über die einschlägigen Veröffentlichungen. Etwas Ähnliches wie den Band IV dieses Handbuches hat der Kirchenmusiker bisher schmerzlich vermissen müssen. Empfohlen seien drei weitere Gesamtdarstellungen:

3. *Erich Hertzsch,* Die Wirklichkeit der Kirche. Kompendium der Praktischen Theologie. 1. Teil: Die Liturgie. Halle 1956.

4. *Friedrich Kalb,* Grundriß der Liturgik, München 1965.

5. *William Nagel und Eberhard Schmidt,* Der Gottesdienst (In: Handbuch der Praktischen Theologie, Bd. II) Berlin 1974.

Auf katholischer Seite hat eine ähnliche Bedeutung wie die beiden zuerst genannten Werke:

6. *Josef Andreas Jungmann,* Missarum sollemnia, 2 Bde., Freiburg-Basel-Wien 1962[5].

Auch der evangelische Liturgiker hat viel Gewinn vom Studium dieser beiden Bände. – Etwas gedrängter ist die Darstellung in dem ebenfalls zweibändigen Werk:

7. Handbuch der Liturgiewissenschaft, hrsg. von A.-G. Martimort, Leipzig 1965/67, das in seiner Thematik freilich umfassender als das zuvor genannte ist.

Wer sich über die Geschichte des christlichen Gottesdienstes informieren will, greift am besten zu dem in der Sammlung Göschen erschienenen Doppelbändchen (Band 1202/1202a):

8. *William Nagel,* Geschichte des christlichen Gottesdienstes, Berlin 1962.

Dieses Buch ist beachtlich umfassend. Es bezieht auch sonst kaum behandelte Gebiete mit ein (z. B. Brüdergemeine, anglikanischer Gottesdienst). Zugleich zeichnet es sich durch eine seltene Gründlichkeit aus. Überdies beschränkt sich der Verfasser nicht auf eine bloße Aneinanderreihung geschichtlicher Fakten und Daten, sondern er gibt auch überlegte und für den Leser hilfreiche Stellungnahmen. – Während dieses Buch mehr für den Fachliturgiker bestimmt ist, wendet sich eine kleine Broschüre mehr an den Laien:

9. *Hans Prautzsch,* Geschichte des Gottesdienstes. Eine erste Einführung, Berlin 1950. – Dieses Büchlein mit seinen knapp 50 Seiten gibt eine vorzügliche erste Information über das Thema.

Für die Geschichte des evangelischen Gottesdienstes in den ersten drei Jahrhunderten ist das unentbehrliche Standardwerk:

10. *Paul Graff,* Geschichte der Auflösung der alten gottesdienstlichen Formen in der evangelischen Kirche Deutschlands, 2 Bde., Göttingen 1937[2] und 1939.

Eine Monographie über die rationalistische Liturgik bietet

11. *Alfred Ehrensperger,* Die Theorie des Gottesdienstes in der späten deutschen Aufklärung (1770–1815). Zürich 1971.

Speziell über die liturgische Arbeit und die liturgischen Bestrebungen in unserem Jahrhundert informiert sehr gut:

12. *Karl Ferdinand Müller,* Die Neuordnung des Gottesdienstes in Theologie und Kirche (In: Theologie und Liturgie. Eine Gesamtschau der gegenwärtigen Forschung in Einzeldarstellungen, hrsg. von Liemar Hennig), Kassel 1952.

In die Liturgiewissenschaft führt hervorragend ein:

13. *Leonhardt Fendt*, Einführung in die Liturgiewissenschaft, Berlin 1958.
Der Vorsitzende der Lutherischen Liturgischen Kommission, Christhard Mahrenholz, schrieb das Vorwort zur Agende I, das in erweiterter Fassung vorliegt:

14. *Christhard Mahrenholz*, Kompendium der Liturgik zur Lutherischen Agende I (In: Musicologia et Liturgica. Gesammelte Aufsätze ...), Kassel 1960[1].

Dieses Kompendium informiert in authentischer Weise über die neue lutherische Agende und gibt Auskunft über die Richtlinien, nach denen sie erarbeitet wurde. Manche Einzelfrage, die bei der Beschäftigung mit der Agende auftaucht, findet hier ihre Antwort.
Für die Erneuerung des Hauptgottesdienstes in der Evangelischen Kirche der Union geschieht die theologische Grundlegung in dem Band:

15. Der Gottesdienst an Sonn- und Feiertagen. Untersuchungen zur Kirchenagende I, 1 von Joachim Beckmann, Hans Kulp, Peter Brunner und Walter Reindell, Gütersloh 1949.

Eine lesenswerte Besinnung über das Wesen des evangelischen Gottesdienstes nach heutigem Verständnis ist eine weitere Veröffentlichung von Hans Prautzsch:

16. *Hans Prautzsch*, Der Gottesdienst. Eine kleine Gottesdienstlehre für Pfarrer und Gemeinden, Berlin 1950[2].

Sehr empfehlenswert sind zwei Veröffentlichungen gleicher Thematik:

17. *Otto Dietz*, Unser Gottesdienst. Ein Hilfsbuch zum lutherischen Gottesdienst für die Hand der Gemeinde, München 1959.

18. *Gottfried Voigt*, Mitten unter ihnen. Zum Verständnis des Gottesdienstes. Berlin 1973 (und Göttingen 1974 mit dem Titel: Unser Gottesdienst. Wege zum Verstehen und Erproben).

Wer an irgendeinem Punkte tiefer eindringen möchte, wird auch die Quellen selbst zu befragen haben. Die Agenden und Abhandlungen über den Gottesdienst aus alter und neuer Zeit sind zu studieren. Es liegen auch einige Bücher vor, die eine Auswahl der wichtigsten Quellen bieten:

19. *Carl Clemen*, Quellenbuch zur Praktischen Theologie. Erster Teil: Quellen zur Lehre vom Gottesdienst, Gießen 1910.

20. *Joachim Beckmann*, Quellen zur Geschichte des christlichen Gottesdienstes, Gütersloh 1956.

21. *Ulrich Altmann*, Hilfsbuch zur Geschichte des christlichen Kultus

[1] Sonderdruck als »Kompendium der Liturgik des Hauptgottesdienstes« (in einigen Punkten ergänzt), Kassel 1963.

1. Heft: Zum altkirchlichen Kultus
2. Heft: Zum Kultus des abendländischen Katholizismus
3. Heft: Zum Kultus der Reformatoren
Berlin 1941–1947.
Die zuletzt genannten Hefte sind vor allem für den Nichttheologen wertvoll, weil sie die fremdsprachigen Quellen in deutscher Übersetzung bringen.
22. *Wolfgang Herbst,* Quellen zur Geschichte des evangelischen Gottesdienstes, Göttingen 1968.
Aus der unübersehbaren Fülle der Monographien zur Liturgik seien folgende Werke herausgegriffen, die für einzelne Abschnitte der vorliegenden Einführung zur Vertiefung hinzugezogen werden möchten:
23. *Gerhard Delling,* Der Gottesdienst im Neuen Testament, Berlin 1952.
24. *Eva-Maria Bachmann,* Der Gottesdienst der russisch-orthodoxen Kirche, Berlin 1955.
25. Eine kurze Erklärung der göttlichen Liturgie der Orthodoxen Kirche, herausgegeben vom Mitteleuropäischen Exarchat des Moskauer Patriarchates, Berlin 1960.
26. Konstitution über die heilige Liturgie. (Dokumente des II. Vatikanischen Konzils), Leipzig 1964.
27. Vier liturgische Instruktionen (Kirchliche Dokumente nach dem Konzil, Heft 4), Leipzig 1967.
28. *Vilmos Vajta,* Die Theologie des Gottesdienstes bei Luther, Berlin 1958.
29. *Friedrich Kalb,* Die Lehre vom Kultus der lutherischen Kirche zur Zeit der Orthodoxie, Berlin 1959.
30. *Martin Schian,* Orthodoxie und Pietismus im Kampf um die Predigt (= Stud. z. Gesch. d. neueren Protestantismus, 7. Heft), Gießen 1912.
31. *Heinz Erich Eisenhuth,* Gottesdienst und Gotteshaus. Das kultische Raumproblem der Kirche im Zusammenhang mit der Baustilgeschichte und der Liturgie, Jena und Berlin 1953.
Das fachwissenschaftliche Gespräch über alle Fragen der Liturgik und Hymnologie wird geführt im
32. *Jahrbuch für Liturgik und Hymnologie,* begründet von Konrad Ameln, Christhard Mahrenholz und Karl Ferdinand Müller, Kassel 1955 ff.
Unter den lexikalischen Werken seien besonders drei genannt, die zu einzelnen Fragen stets hinzugezogen werden können:
33. Realenzyklopädie für protestantische Theologie und Kirche (RE),
3. Auflage, Leipzig 1896/1909.
34. Die Religion in Geschichte und Gegenwart (RGG), 3. Auflage, Tübingen 1957/1965.

35. Die Musik in Geschichte und Gegenwart (MGG), Kassel 1949/1979.

Und schließlich sei auf ein »liturgisches Taschenlexikon« verwiesen:

36. *Wolfgang Jung*, Liturgisches Wörterbuch, Berlin 1964.

Wer sich über die Grundgedanken und Entwicklungstendenzen bei der Weiterarbeit an der Agende informieren möchte, kann dies am besten durch die Lektüre zweier nicht sehr umfangreicher Schriften tun:

37. Arbeitsbuch zur Agende, Berlin 1981.

Diese vom Gemeinsamen Liturgischen Ausschuß vorgelegte Handreichung weist Wege auf, wie die geltende Agende durch einen »dynamischen Gebrauch« verlebendigt werden kann. – Über die auch heute noch als verbindlich anzusehende Grundstruktur des evangelischen Gottesdienstes und die denkbaren Varianten trägt das sogenannte »Strukturpapier« das wesentliche Material zusammen:

38. Versammelte Gemeinde. Struktur und Elemente des Gottesdienstes. Zur Reform des Gottesdienstes und der Agende. Vorgelegt von der Lutherischen Liturgischen Konferenz, Hamburg 1974.

(38 a. Unter dem gleichen Titel legte der Lutherische Liturgische Ausschuß im Auftrag der VELK in der DDR eine Parallelveröffentlichung vor: Berlin 1980.)

G. Anhang: Erklärung liturgischer Fachausdrücke

(gr. = griechisch; hebr. = hebräisch; ital. = italienisch; lat. = lateinisch)

Aaronitischer Segen	Segensformel aus 4. Mose 6,24-26, auf den Mosebruder Aaron zurückgeführt, am Ende des evangelischen Hauptgottesdienstes üblich
Abrenuntiation	(lat.) Absage an den Teufel bei der Taufe, wichtiger Bestandteil alter Taufordnungen
Absolution	(lat.) Lossprechung von den Sünden nach der Beichte
a cappella	(ital.) Singen ohne Instrumentalbegleitung
Adjutorium	(lat. Hilfe) »Unsere Hilfe steht im Namen ...« (Ps. 121,2), Beginn des → Stufengebetes, Gottesdiensteingang des reformierten Predigtgottesdienstes
Agape	(griech. Liebe) Liebesmahl, Tischgemeinschaft der urchristlichen Abendmahlsgemeinde
Agende	(lat. agere = handeln) das Buch, das die Ordnung und den Wortlaut der gottesdienstlichen Handlungen enthält
Agnus Dei	(lat.) Lamm Gottes; »Christe, du Lamm Gottes«, letztes Stück des Meß- → Ordinariums
Akklamation	(lat.) huldigende Anrufung
Alba	(lat. weiß) weißes Priestergewand
alternatim	(lat.) abwechselnd (etwa bei der Ausführung eines Kirchenliedes zwischen Gemeinde und Chor im Wechsel)
Ambon	(gr. anabaino = hinaufsteigen) ein um mehrere Stufen erhöhtes Lesepult, Lesebühne
Amen	(hebr.) wahrlich, gewiß; Aneignungs- und Bekräftigungsformel bei Gebeten
Anamnese	(gr. Erinnerung, Gedächtnis) Schlußteil des altkirchlichen Abendmahlsgebetes, bei dem im Anschluß an die Einsetzungsworte (»Solches tut zu meinem Gedächtnis«) noch einmal der Heilstaten Christi gedacht wird. In der neuen lutherischen und unierten Agende wird die A. wieder angeboten

Anaphora	(gr. das Hinauftragen) das eucharistische Hochgebet des orthodoxen Gottesdienstes
Antesanctus	(lat. »Vor-Heilig«) der erste Teil des großen Abendmahlsgebetes, der in das dreifache Heilig (→ Sanctus) einmündet
Antidoron	(gr. Ersatzgabe) gesegnetes, nicht konsekriertes Brot, das am Ende des orthodoxen Gottesdienstes an die Nichtkommunikanten ausgeteilt wird
Antiphon	(gr. Entgegnung) Rahmen-, Leitvers, der die → Psalmodie einrahmt
Apostolicum	das sog. apostolische Glaubensbekenntnis, eines der drei altkirchlichen → Symbole (Glaubensbekenntnisse)
Arkandisziplin	(lat. arcanum = Geheimnis) in der alten Kirche übliche Geheimhaltung von bestimmten Dingen des christlichen Glaubens und Lebens vor Ungläubigen
Aspersio	(lat. Bespritzen) Form der Taufe, bei der lediglich der Kopf des Täuflings mit Wasser bespritzt wird
Athanasianum	das jüngste der drei altkirchlichen → Symbole, das nach Athanasius (gest. 373) seinen Namen trägt; es ist jedoch erst ein bis zwei Jahrhunderte später entstanden
Bahnlesung	fortlaufende Lesung biblischer Bücher mit Auslassungen (bes. bei alttestamentlichen Büchern)
Baptisterium	(gr./lat.) Taufkapelle
Barett	(spätlat. biretum) Kopfbedeckung der Geistlichen
Beffchen	(mittellat. biffa = Kragen) zwei kurze weiße Batiststreifen am Halsausschnitt des → Talars
Benedicamus	(lat.) lasset uns rühmen. Am Ende der → Hore: »Lasset uns benedeien dem Herrn«
Benedictus	(lat. gelobt sei ...) 1. Lobgesang des Zacharias Luk. 1, 68 bis 79 (Gelobt sei der Herr, der Gott Israels), neutestamentliches → Canticum. – 2. Zweiter Teil des → Sanctus (Gelobt sei, der da kommt im Namen des Herrn)
Benediktion	(lat.) Segnung
Brevier	(lat. breviarium = kurzer Auszug) das Buch, nach dem der katholische Kleriker sein tägliches Gebetspensum (→ Officium) betet
Canon Missae	(gr. kanon = Regel, Vorschrift) die Regel, nach der in der römischen Messe die Wandlung der Opfergaben vollzogen wird. Es handelt sich um das Herzstück der

	katholischen Abendmahlsliturgie, um die Gebete zwischen Sanctus und Vaterunser
Canticum	(lat. Lied) Lobgesang. Insbesondere werden damit die drei neutestamentlichen Cantica (→ Benedictus, → Magnificat, → Nunc dimittis) bezeichnet, die in der Form der alttestamentlichen Psalmen (→ parallelismus membrorum) gedichtet sind
Chrisma	(gr. Salbe) Salböl
Chrismale, Chrismalion	Salbengefäß [wird.
Cingulum	(lat. Gürtel) Leibgurt, mit dem die → Alba gegürtet
Communio	(lat. Gemeinschaft, Gemeinsamkeit): 1. die Mahlgemeinschaft des hl. Abendmahls, 2. der Chorgesang während der Abendmahlsausspendung
Complet	(lat. completus = erfüllt, vollendet) das letzte Stundengebet des Tages (s. auch → Brevier, → Hore, → Officium)
Confiteor	(lat. ich bekenne) Sündenbekenntnis, gottesdienstliches Rüstgebet
Corporale	(lat.) Tuch, auf dem der Abendmahlskelch auf dem Altar steht
Credo	(lat. ich glaube) Glaubensbekenntnis
de tempore	(lat. nach der Zeit) kirchenjahreszeitgebunden
Dermung	(bei Luther = terminatio) → Konsekration
Diakonisches Gebet	Form des Fürbittengebetes: der Diakon nennt die Gebetsanliegen, der Liturg spricht dazu das Gebet, das die Gemeinde mit ihrem Amen aufnimmt
Didache	(gr. Lehre) eine der ältesten urchristlichen Schriften, die nicht mehr in den Stamm des Neuen Testaments aufgenommen wurde. Sie gibt sich als »Lehre der zwölf Apostel« (Abfassungszeit: bald nach dem Jahre 100)
Distributio	(lat.) Abendmahlsausteilung
Doxologie	(gr. Lobrede) Lobpreis Gottes, besonders als Gebetsschluß (vgl. die Doxologie am Ende des Vaterunsers)
Eisodos	(sprich: eis-hodos; gr. Eintritt) der zweimalige feierliche Einzug des Priesters im orthodoxen Gottesdienst: der kleine Einzug mit dem Evangelienbuch (der lehrende Christus) und der große Einzug mit den Opfergaben (der sich opfernde Christus)
Eklogadie	(gr. ekloge = Auswahl, »Excerpt«) = → Bahnlesung

Ektenie (gr. Beharrlichkeit, Eifer) Form des Fürbittengebetes, bei dem die Gemeinde auf die vom Vorbeter genannten Gebetsanliegen das → Kyrie eleison bzw. »Herr, erbarme dich« spricht

Elevation (lat. Aufhebung) Emporhebung der konsekrierten Abendmahlselemente zur Anbetung durch die Gemeinde

Embolismus (gr. Einschub) Erweiterung des Vaterunsers mit dem Hinweis auf die Fürsprache Marias, der Apostel und der Heiligen in der römischen Messe

Epiklese (gr. Herabrufung) im orthodoxen Gottesdienst und in altkirchlichen Ordnungen Teil des Abendmahlsgebetes mit der Bitte um Herabsendung des Heiligen Geistes, durch den die Wandlung der Abendmahlselemente vollzogen wird; die Epiklese ist also in der alten Kirche das eigentliche Wandlungsgebet und hat auch heute noch im orthodoxen Ritus ein besonderes Gewicht. Wiederbesinnung auf die E. in den neuen lutherischen Agenden

Epistel (lat. Brief) die neutestamentlichen Briefe; gottesdienstliche Schriftlesung aus dem Neuen Testament mit Ausnahme der Evangelien

Eucharistie (gr. Danksagung) urchristliche Bezeichnung der Abendmahlsfeier

Eulogie (gr. Lobpreisung) Segenswunsch

Evangelium (gr. frohe Kunde) Schriftlesung aus den vier ersten Schriften des Neuen Testaments

Exhortation (lat. Ermahnung) Abendmahlsermahnung

Exorzismus (lat. Beschwörung, Bannung) Austreibung bzw. Verbannung des Teufels, Bestandteil der alten Taufliturgie

Filioque (lat. und dem Sohne) Aussage des → Nicänums (in der abendländischen Fassung), daß der Heilige Geist vom Vater *und dem Sohn* ausgeht. Die Ostkirche lehnt das filioque als angeblich schriftwidrig ab. An dem filioque ist es schließlich zur Trennung von Ost- und West-Katholizismus gekommen

Finalis (lat.) Schlußwendung der → Psalmtöne

Formula Missae (lat. Gottesdienstordnung, Meßformular) Schrift Luthers aus dem Jahre 1523 mit dem ersten ausgeführten Entwurf einer evangelischen Gottesdienstordnung, noch in lateinischer Sprache

Gloria — (lat. Ehre): 1. *Gloria patri* (Ehre sei dem Vater ...) trinitarischer Abschluß der Psalmodie im christlichen Kultus, 2. *Gloria in excelsis* (Ehre sei Gott in der Höhe) zweites Stück des → Ordinariums

Glossolalie — (gr. Zungenreden) ekstatisches Reden in unverständlichen Lauten, im urchristlichen Gottesdienst geduldete Form des Gotteslobes (vgl. 1. Kor. 14)

Graduale — (lat. gradus = Stufe) Stufengesang, Psalmengesang zwischen Epistel und Evangelium

Graduallied — Seit Luthers »Deutscher Messe« das Gemeindelied an Stelle des vom Einzelsänger bzw. vom Chor gesungenen → Graduale der römischen Messe, Wochenlied

Halleluja — (hebr.) Lobet Gott!

Hallelujavers — zusammen mit dem als → Antiphon dienenden Halleluja Zwischengesang zwischen Epistel und Evangelium, in der katholischen Liturgie nach, in der evangelischen vor dem → Graduale; Halleluja und Vers entfallen in der Fastenzeit und an Bußtagen

Homilie — (gr. Unterhaltung, Gespräch) Predigt, insbesondere eine Predigtform, in der der Text Stück für Stück ausgelegt wird

Hore — (lat. hora = Stunde) die einzelne Gebetsversammlung (Stundengebet) des → Officiums. Fester Aufbau (Grundbestandteile): Psalm – Lesung – Lied – → Canticum – Gebet

Hosianna — (hebr. Hilf doch!) Huldigungsruf, vgl. Matth. 21,9; griechische Entsprechung: → Kyrie eleison

Hostie — (lat. Opfer) das Abendmahlsbrot; → Oblate

Hymnus — (gr.) Lied, Festgesang, insbesondere Bezeichnung der ältesten christlichen Dichtung in Strophenform

Ikonostase — (gr.) Bilderwand, Trennwand zwischen Chorraum und Kirchenschiff in orthodoxen Kirchen

Immersio — (lat. Untertauchen) Taufe, bei der der Täufling völlig untergetaucht wird

Ingressus — (lat.) Eingang, Einleitung der → Hore

Initium — (lat. Anfang) Anfangswendung der → Psalmtöne

Introitus — (lat.) Einzug, Eingangspsalm oder -lied, ursprünglich Chorgesang beim Einzug des Klerus in die Kirche

Invitatorium — (lat. Einladung, Aufforderung) Bestandteil der → Mette, dem → Ingressus folgend

Ite, missa est	(lat. Geht, es ist die Entsendung) Schlußformel der römischen Messe
Jubilus	(lat. Jauchzer) musikalisch weit ausgesponnener Schlußvokal des → Halleluja
Kasel	(lat. casula = kleine Hütte) das Obergewand der Priesterkleidung in den verschiedenen liturgischen Farben
Kasualien	(lat. casus = der Fall) die Gottesdienste, die »von Fall zu Fall« stattfinden (Taufe, Trauung, Beerdigung)
Katechumenen	(gr. die in der Unterweisung Befindlichen) die Taufanwärter in der alten Kirche
Kollekte	(lat. Sammlung) de-tempore-gebundenes Gebet im Eingangsteil des Gottesdienstes, aus einem Satz bestehend: Anrufung – (Erinnerung –) Bitte – (Zielsetzung der Bitte –) trinitarischer Beschluß – → Amen der Gemeinde
Konsekration	(lat. Weihe, Heiligung) Teil der Abendmahlsliturgie, durch den nach römischer Lehre die Wandlung von Brot und Wein in Leib und Blut Christi erfolgt. Nach lutherischer Auffassung ist die Konsekration (Rezitation der Einsetzungsworte) in besonderer Weise das »Wort«, das zu dem äußeren Zeichen hinzutritt und es dem Kommunikanten in usu (lat. beim Gebrauch) zur sakramentalen Gabe von Leib und Blut Christi werden läßt
Kyrie eleison	(gr. Herr, erbarme dich!) Anrufung Christi mit der zweiseitigen Blickrichtung: als Huldigungs- und als Hilferuf
Laudamus te	(lat. wir loben dich) die Erweiterung von Luk. 2,14 im gottesdienstlichen Gloria in excelsis (→ Gloria, 2.)
Laudes	(lat. Lob) die erste → Hore des → Officiums, bei Sonnenaufgang gebetet
lectio continua	(lat.) fortlaufende Lesung biblischer Bücher
Leisen	(von → Kyrie eleison) volkstümliche Lieder des Mittelalters, die aus dem Kyrie eleison der Liturgie entwachsen sind; alle Strophen dieser Lieder schließen mit dem Kyrieleis (z. B. Christ ist erstanden)
Lektion	(lat. Lesung) gottesdienstliche Schriftlesung
Lektionar	(lat.) Lesebuch; Buch, das die → Perikopen enthält
Lektionston	→ Modellton, nach dem die Perikopen gesungen werden
Litanei	(gr. Flehen) Bittgebet, Gebet für allerlei Notstände; EKG 138
Liturgie	(gr. Dienst) ostkirchliche Bezeichnung für den gesamten Hauptgottesdienst, im Protestantismus leider weit-

	hin eingeschränkt auf die Teile des Gottesdienstes, die zwischen Gemeinde, Chor und Pfarrer im Wechsel ausgeführt werden
Magnificat	(lat. es erhebt, es preist) »Meine Seele erhebt den Herren«, Lobgesang der Maria, Luk. 1,46 ff., als → Canticum in der → Vesper verwendet
Mediatio	(lat. Mittelteil) Melodieführung der → Psalmtöne jeweils am Ende der ersten Vershälfte (s. auch → Modellton)
Messe	(lat.) Bezeichnung des christlichen Hauptgottesdienstes im Abendland; → Ite, missa est
Mette	(lat. matutinus = morgendlich) die zweite → Hore des → Officiums, die morgens 6 Uhr gebetet wird In der evangelischen Kirche = gemeinschaftliches Morgengebet, Morgenwache
Ministrant	(lat. Diener) Meßdiener
Missa	→ Messe
Missale	Meßbuch (Buch, das die Ordnung der → Messe enthält)
Modellton	Melodien für den Sprechgesang (→ Psalmodie, Gebete, → Lektionen); die Anfangs-, Mittel- und Schlußwendungen (→ Initium, → Mediatio, → Finalis) werden festgelegt, die übrigen Silben werden auf dem angegebenen Hauptton (tuba oder tenor genannt) gesungen, der je nach der Länge der betreffenden Sätze beliebig häufig wiederholt wird
monastisch	(lat.) mönchisch, Mönchs-
Monstranz	(lat. monstrare = zeigen) (Schau-)Behälter, in dem in der katholischen Kirche der Leib Christi (konsekrierte Hostien) zur Anbetung ausgesetzt wird
Nicänum	altkirchliches Glaubensbekenntnis (→ Symbol), das im Zusammenhang mit dem Konzil von Nicäa (325) fixiert wurde; auf dem Konzil von Konstantinopel (381) erhielt es seine endgültige Gestalt, daher Nicäno-Constantinopolitanum genannt. Siehe auch → filioque
Non	(lat. die neunte) Stundengebet (→ Hore), zur neunten Tagesstunde (15 Uhr) gebetet
Nunc dimittis	(lat. nun entläßt du) »Herr, nun läßt du deinen Diener in Frieden fahren« (Luk. 2,29-32), Lobgesang des Simeon, als → Canticum in der → Complet verwendet

Oblate	(von lat. offerre = darbieten) kleine Scheibe ungesäuerten Brotes, die im abendländischen Kultus seit dem 12. Jahrhundert an Stelle gewöhnlichen (Weiß-)Brotes bei der Abendmahlsfeier verwendet wird
Oblation	(lat.) Darbietung
Offertorium	(lat.) Zubereitung der Opfergaben in der katholischen Meßfeier; auch Bezeichnung des Chorgesanges während dieser Handlung
Officium	(lat. Dienst, Verrichtung, Pflicht) Gebetspensum des katholischen Klerikers im Ablauf eines Tages, möglichst zu den dafür vorgesehenen Tagesstunden (→ Laudes, → Mette, → Terz, → Sext, → Non, → Vesper, → Complet)
Oktav	(lat. der achte) die achttägige Nachfeier der hohen kirchlichen Feste
Oration	(lat.) Gebet
Ordinarium	(lat. ordo = Reihenfolge, Regel) die gleichbleibenden Stücke des Gottesdienstes (im Gegensatz zum → Proprium), insbesondere die fünf gleichbleibenden Chorstücke der römischen Messe: → Kyrie, → Gloria in excelsis, → Credo, → Sanctus mit dem → Benedictus, → Agnus Dei
Ordination	(lat. ordinare = ins Amt einsetzen) Einsegnung und Amtsverpflichtung eines Pfarrers
Ordo Missae	(lat. Meßordnung) der erste Teil der römischen Messe (Wortgottesdienst)
Ornat	(lat. Schmuck) Amtstracht der Geistlichen
Orthodoxie	(gr. Rechtgläubigkeit) Zeitalter des Kampfes um die reine Lehre (Ausgang des 16. Jahrhunderts und 17. Jahrhundert)
Parallelismus membrorum	(lat. Zuordnung, Entsprechung der Glieder) Dichtform der alttestamentlichen Psalmen und der → Cantica: In den zwei Hälften jedes Verses wird der gleiche Gedanke entfaltet, teils in Entsprechungen (etwa Ps. 103,1), teils in Gegensätzen (etwa Luk. 1,52)
Paramente	(spätlat.) die liturgischen Bekleidungen von Altar, Kanzel, Lesepult, der Abendmahlsgeräte u. a.
Patene	(lat. Teller) flacher Teller, auf dem sich die → Oblaten bei der Abendmahlsfeier befinden

Pax — (lat. Friede) Friedensgruß zu Beginn der Abendmahlsfeier

Pentekoste — (gr. der fünfzigste) der fünfzigste Tag nach Ostern = Pfingsten

Perikope — (gr. perikopto = heraushauen) die für jeden Sonn- und Feiertag des Kirchenjahres zur Verlesung bestimmten Schriftabschnitte

Pietismus — (lat. pietas = Frömmigkeit) Zeitalter der betonten Herzensfrömmigkeit (besonders erste Häfte des 18. Jahrhunderts)

Postcommunio — (lat. post = nach) Gebet nach der Abendmahlsausspendung

Postille — (lat. post illa textus verba = nach jenen [vorangehenden] Worten des Textes) Predigtbuch, das aus einer Predigtsammlung für das ganze Jahr, meist über die → Perikopen, besteht

Postsanctus — (lat. »Nach-Heilig«) der auf das → Sanctus folgende Teil des eucharistischen Hochgebetes, in den die Einsetzungsworte eingebettet sind

Präfation — (lat. Vorspruch, Einleitung) der erste Teil des großen Abendmahlsgebetes vor dem → Sanctus

Preces — (lat. Bitten, Fürbitten) Gebetsteil der → Horen

Prophezei — von Zwingli angeregte tägliche Zusammenkunft der geistlichen Amtsträger zu gemeinsamem Bibelstudium

Proprium — (lat. das Eigentümliche) die nach dem Kirchenjahr wechselnden Stücke des Gottesdienstes (im Gegensatz zum → Ordinarium)

Proskomidie — (gr. Herbeischaffung) der erste, vorbereitende Teil des orthodoxen Gottesdienstes, bei dem die Abendmahlselemente zugerüstet werden

Proskynese — (gr. fußfällig verehren) Form des Gebetes, wobei der Beter sich der Länge nach auf den Boden wirft

Prosphonese — (gr. Anrufung) Form des Fürbittengebetes, bei der der Liturg die Gebetsanliegen zusammenhängend vorträgt; die Gemeinde beschließt das Gebet mit dem Amen

Psalmodie, Psalmton — Sprechgesang der Psalmen (→ Modellton) auf einen der neun Psalmtöne. Die ersten acht Psalmtöne entsprechen tonal den acht alten Kirchentonarten, deren Dominante jeweils die → tuba des Psalmtons ist. Der 9. Psalmton hat in der ersten und zweiten Vershälfte verschiedene

	tubae; er hat keine tonale Verwandtschaft mit einer Kirchentonart. Man nennt ihn tonus peregrinus (lat. Pilgerton)
Quadragesimalzeit	(lat.) die vierzigtägige Fastenzeit vor Ostern (von Aschermittwoch bis Karsamstag mit Ausnahme der Sonntage)
Quatember	(lat. quatuor tempora = die vier Zeiten) die vierteljährlichen dreitägigen Fasten der katholischen Kirche
Quinquagesimalzeit	(lat.) die fünfzigtägige Zeit von Ostern bis Pfingsten (→ Pentekoste), die Freudenzeit des Kirchenjahres
Rationalismus	(lat. ratio = Verstand) das Zeitalter der Vernunftgläubigkeit (besonders Ende des 18. und Anfang des 19. Jahrhunderts)
Reliquie	(lat. das Überbleibsel) Überreste von heiligen Gegenständen und Gebeinen, die für den katholischen Kultus von Bedeutung sind
Responsorium	(lat. responsum = Antwort) Bestandteil des Stundengebets (→ Hore), im Wechsel zwischen Einzelsänger und Chor ausgeführt
Restauration, liturgische	(lat. Wiederherstellung) Besinnung auf den Wert und die Bedeutung der alten gottesdienstlichen Formen (vornehmlich des 16. Jahrhunderts) zu Beginn des vorigen Jahrhunderts
Requiem	(lat. Ruhe) Totenmesse
Ritus	(lat. heiliger Brauch) Vollzug der gottesdienstlichen Handlungen
Sacrificium	(lat.) Opfer
Sacramentum	(lat.) heilige Handlung
Sakramentar	(lat.) Buch, das die dem Priester zufallenden Stücke der Messe enthält
Salutatio	(lat.) Gruß (»Der Herr sei mit euch – und mit deinem Geist«)
Sanctus	(lat. heilig) Teil der Abendmahlsliturgie, Jes. 6,3
Secreta	(lat. secretum = heimlich) das seit dem 8. Jahrhundert leise gesprochene Schlußgebet des → Offertorium
Sequenz	(lat. die Folge) lateinische Dichtungen des Mittelalters, die dem → Halleluja-→Jubilus unterlegt wurden (siehe auch → Tropen)
Sext	(lat. die sechste) Stundengebet mittags 12 Uhr (siehe auch → Hore)

Signatio crucis, signum crucis	(lat.) Bezeichnung mit dem Zeichen des Kreuzes (deutsches Lehnwort: Segen)
Staffel-, Stufengebet	Rüstgebet zwischen Priester und Ministranten zu Beginn der römischen Messe an den Stufen des Altars
Stola	(lat. Schal) Teil des Priestergewandes; langes schmales Tuch, das um die Schultern gelegt wird und bis auf die Knie reicht
Sursum corda	(lat.) Erhebet eure Herzen
Symbolum	(gr./lat. Erkennungs-, Beglaubigungszeichen) Glaubensbekenntnis; die drei altkirchlichen Symbole: → Apostolicum, → Athanasianum, → Nicänum
Synaxis	(gr. Zusammenkunft) altkirchliche Bezeichnung für den Gemeindegottesdienst
Tabernakel	(lat. Zeltchen) über dem Altar befindlicher Behälter zur Aufbewahrung → konsekrierter → Oblaten (in der katholischen Kirche)
Talar	(lat. tunica talaris = auf die Knöchel herabreichendes Gewand) Amtstracht des Pfarrers
Tedeum	(lat. dich, Gott) »Herr Gott, dich loben wir«, der »Ambrosianische Lobgesang« (fälschlich auf Ambrosius [etwa 340–397] zurückgeführt), EKG 137
Tempus clausum	(lat. geschlossene Zeit) Zeit, in der keine Trauungen abgehalten werden, insbesondere die Karwoche
Tenor	(lat. der Halter) → Modellton
Tersanctus	(lat.) das Dreimalheilig, → Sanctus
Terz	(lat. die dritte) Stundengebet zur dritten Tagesstunde (9 Uhr); → Hore
Tractus	schlichter, nicht antiphonischer Gesang mehrerer Psalmverse an den Sonntagen der Fastenzeit an Stelle der Hallelujapsalmodie
Triduum sacrum	(lat. die heiligen drei Tage) die drei letzten Tage der Karwoche
Trishagion	(gr.) das Dreimalheilig am Ende des »kleinen Einzugs« der ostkirchlichen Liturgie und im Einzugsteil des gallikanischen Ritus
Tropen	(gr. tropos = Wendung, Melodiewendung) nachträglich textierte Melismen (Melodiebögen, die ursprünglich auf einen Vokal gesungen wurden)
Tuba	(lat. Trompete) → Modellton

Velum	(lat. Segel) Tuch, mit dem der Abendmahlskelch zugedeckt wird
Verba testamenti	(lat. die Worte des Vermächtnisses) die Worte der Einsetzung des heiligen Abendmahls
Vere dignum	(lat.) Wahrhaftig würdig ..., Einleitung der → Präfation
Versikel	(lat. Verslein) im Wechsel zwischen Liturg und Gemeinde gesungener zweizeiliger Spruch
Vesper	(lat. Abend) Stundengebet, das für 18 Uhr vorgesehen ist
Vigil	(lat. Nachtwache) Nachtgottesdienst, mit dem in der alten Kirche die Feier der hohen Feste begonnen wurde
Wandelkommunion	Form der Abendmahlsausspendung: Die Kommunikanten empfangen auf der linken Altarseite das Brot, »wandeln« danach hinter dem Altar herum und empfangen dann auf der rechten Seite den Kelch

Register

I. Bibelstellen

II. Personen

III. Sachen und Formeln

Inhalt